간화선의 실제와
성불의 길

간화선의 실제와 성불의 길

깨달음의 과정과 죽음의 과정은 둘이 아니다

송학 지음

운주사

머리말

지금의 한국불교는 큰 변화와 존립의 위기에 직면해 있다. 한국 불교의 대표 종단인 대한불교조계종의 선방수좌들은 매년 하안거와 동안거를 통해 2천여 명의 납자衲子들이 견성見性하기 위한 치열한 수행에 몰두하고 있지만, 도인이 나왔다는 소리는커녕, 20~30년씩 화두참구에 정진한 일부 구참 수좌들의 언행言行의 불일치와 낮은 현실인식, 성직자로서의 기본 자질 부족으로 일반인들의 외면을 받은 지 오래되었다. 그리고 종단 안팎의 시끄러운 분규와 일부 스님들의 타락한 모습으로 인해 존경과 신앙의 대상으로서 승보僧寶인 스님들이 재가자들의 질타의 대상으로까지 전락하는 상황에 처하였다.

또한 확립된 수행법이 없는 관계로, 간화선看話禪 수행에서 부족함을 느낀 일부 스님들은 남방불교의 위빠사나에서, 또는 여러 가지 다른 수행법들에서 해법을 찾으려고 시도하고 있으나 이 또한 진리에 목마른 이들의 갈증을 해소하기에는 부족한 형편이다.

필자는 십 수년 간 선방에서 화두참구에 몰두하다가 그 결과 병마病魔에 시달리는 몸을 얻었다. 번뇌를 다스리는 것은 고사하고 육신의 문제로 고통받는 처지에 이른 이후, 큰 문제의식을 가지고 지금까지의 수행의 문제점이 무엇인지 고민하면서, 나 자신의 건강과 수행상의 해결책만이 아닌 한국 수좌들, 특히 간화선 수행자들이 가지는 문제점과 해결책을 찾으려고 노력해 왔다.

그래서 전국 방방곡곡은 물론 중국을 십여 차례 방문하였고, 티베트와 인도, 남방의 불교국가들을 순례하며 선지식과 해결책을 찾기 위해 노력하였으며, 한 칸 컨테이너 토굴에서 추위와 배고픔을 참으며 수행하기도 하였다.

필자는 간화선이 수행의 중간까지는 인도해 줄 수 있는 방편이 될 수 있을 뿐 결코 수행의 종착점이 될 수 없고, 화두 타파話頭打破가 곧 견성見性이요 성불成佛이라는 일반 수좌들의 믿음이 큰 잘못임을 깨닫고, 근본적인 수행의 원리와 방법을 제시하여 수행의 과정과 목적을 확실히 밝히고자 한다. 많은 수행자들이 이론상으로도 견성見性이 무엇이고 성불成佛이 무엇인지조차 뚜렷이 알지 못하는 현 상황이 수행에 방황하고 계율에 대한 무시 등으로 한국 불교를 헤어 나올 수 없는 나락奈落으로 떨어뜨렸다고 필자는 진단한다.

필자는 수행상의 방황과 많은 문제들이 수행의 과정에 대한 무지로 인해, 오직 화두 하나면 다 된다는 어리석음에서 비롯한 결과임을 뼈저리게 느끼고, 고통과 번민의 나날을 보내며 노력해 온 결과, 올바른 수행의 길을 찾았다고 자부한다.

이 책은 자기 반성과 성찰, 그리고 남방불교의 수행법과 북방불교인 중국불교의 수행과 특히 티베트의 불교수행을 샅샅이 스스로 검증하고 체계화한 결과물의 일부분이다.

조선시대 불교는 전 세계 역사상 유래 없는 조선 왕조 5백 년의 종교탄압의 결과, 스님들은 오로지 생존에만 몰두할 수밖에 없는 환경에 처하게 되었다. 그런 뒤에 한민족의 삶은 타민족의 식민통치에 신음하다 외세에 의한 독립과 해방, 한국전쟁으로 인한 폐허의 복구와 경제성장, 왜곡된 불교정화운동, 10.27법난 등, 이러한 역사적 갈등과 아픔 때문에 제대로 된 승려교육은 할 수 없었고, 한국불교의 지도자들은 사찰을 지키고, 불교라는 종교가 사라지지 않게 하는 데 혼신의 힘을 다할 수밖에 없었다. 쓰러진 한국불교가 겨우 비틀비틀하며 일어나려고 시작한 것도 90년대 이후의 일이라고 보아도 무방할 것이다.

이런 한국과는 다르게, 티베트나 동남아시아의 몇몇 나라들 역시 외침外侵과 여러 역사적 격변을 겪었으나, 불교적인 전통과 승가교육의 큰 틀을 잃지 않고 계승해 오고 있다. 동남아시아의 불교 국가나 티베트 등의 불교 전통이 살아 있는 곳에서는 어린 나이에 출가하여 기본적인 계율과 사찰 생활을 철저히 익힌 후에 경, 율, 논의 삼장三藏을 학습한다.

그러나 한국 스님들은 늦은 나이에 출가하여, 승려로서의 기본 교육도 제대로 안 된 상태에서 화두 하나면 다 된다는 어리석음으로 선방에 바로 직행하는 이들도 많다. 티베트에서는 기본적으로 불교 교학만 20여년을 배우고 나서야 수행에 들어가는데, 그들이 바보거나 무지해서 그럴까? 8만 4천 법문法門, 즉 진리(法)에 들어가는 문門이 상징적으로 8만 4천 가지가 있는데, 부처님께서 화두 하나로 다 해결된다면, 왜 화두 하나만 들라고 하지, 8만 4천 가지 법문을 하셨을까?

우리는 부처님 말씀인 경전, 스님들이 지켜야 할 계율에 관한 율장, 그리고 선대先代 스님들의 뛰어난 논서를 학습하고 스스로 곰곰이 사유하는 과정 없이, 즉 부처님의 가르침이 무엇인지도 모르고 승복을 입고 승려 노릇을 해서는 안 된다. 역으로, 많은 불교 경전과 논서를 학습하고 자신의 것으로 만드는 노력을 한다면 간화선이 불교의 많은 가르침 가운데 하나이며, 간화선이 탄생한 역사적인 배경, 즉 중국적인 상황에서 나온 것임을 이해할 수 있을 것이다.

필자는 지난 20여 년간 불교의 수행 이론에 관심을 두고 여러 수행법들을 수행하고 검증해 본 결과를 일부 스님들에게 제시해 왔다. 그러나 다수의 한국 스님들은 기본적인 경전 교육이 얇고, 게다가 간화선의 울타리에 갇혀 있어서, 필자가 제시하는 이론들이 경전과 논서, 조사어록에 분명히 나타나 있고 논리적으로 문제가 없음에도 불구하고 오해하여 받아들이지 않았다.

애석하게도, 광대하고도 광대한 바다와 같은 부처님의 가르침에는 무한한 방편들이 여법如法하게 갖추어져 있지만, 활용할 줄 모르고 있음이 안타까울 뿐이다. 필자보다 더 나은 선근善根을 갖춘 대장부들이 많으리라 믿으며, 필자는 단지 그 밑거름이 되고자 한다.

이 책을 통해 필자처럼 수행상의 문제로 방황하고 있는 수많은 수행자들이 수행 과정을 제대로 알고 바르게 닦아서 문제를 해결하기를 바라는 간절한 마음으로 부족한 지식과 능력에도 불구하고 어려운 붓을 들었다.

바라건대, 지금까지 알고 있던 지식이나 이론과 다른 부분이 있더라도 부디 열린 마음으로 생각하고 받아들여, 멀고도 먼 수행의 여정에 도움이 되었으면 한다.

2017년 6월
대야산 자락에서 송학 합장

화두 타파는 끝이 아니다

-『몽산법어』를 통해서 본 수행의 과정

한국의 많은 간화선 수행자들이 화두를 들고 수행하지만, 간화선 수행의 과정을 단계별로 제시해주는 조사어록이나 경전은 필자가 과문寡聞한 탓인지는 모르나 『몽산법어』[1] 외에는 보지 못하였다.

따라서 먼저 『몽산법어』를 통해 간화선 수행의 과정을 고찰해 보도록 하겠다. 아래는 『몽산법어』 중의 「몽산화상시

1　『몽산법어蒙山法語』: 원나라 몽산 스님의 설법을 듣고 고려 말의 나옹 스님이 1350년에 편찬한 책으로, 원래 이름은 『몽산화상법 어약록』이다. 간화선의 교과서로 불릴 정도로 선가에서 중요시되어 왔다.

총상인蒙山和尙示聰上人」에 나타난 수행의 과정이다.

"直須依本分하여 如法하야사 始得하리라 當於本參公案
上에 有疑하리니 大疑之下에 必有大悟하리니 千疑萬疑를
倂作一疑하야 於本參上에 取辦하리라 若不疑言句하면 是
爲大病이니라 仍要盡捨諸緣하고 於四威儀內와 二六時中
에 單單提箇話頭하야 廻光自看하라"

"바로 반드시 본분을 의지하여 법다이 하여야 비로소 옳
으리라. 마땅히 본참 공안상에 의정을 두리니 큰 의심 아
래에 반드시 큰 깨달음이 있으리니, 천의만의千疑萬疑를
아울러 한 의심을 지어서 본참 상에 가릴지니라. 만약 언
구言句를 의심하지 않으면 이것이 큰 병이니라. 반드시
모든 인연을 다 버리고 사위의四威儀[2]와 열두 때 가운데에
다만 화두를 잡아 빛을 돌이켜 스스로 보아라."

"若於坐中에 得力이 最多하면 坐宜得法이언정 不要瞠眉
努目하야 遏捺身心이니라 若用氣力하면 則招病苦하리라

---

2   사위의四威儀: 걷는 것(행行), 머무르는 것(주住), 앉는 것(좌坐), 눕
는 것(와臥). 일체의 모든 행동을 말함.

但端身正坐하여 平常開眼하야 身心과 境界를 不必顧着
이니라"

"만약 앉아 있을 경우에 힘 얻음이 가장 많으면, 앉기를
마땅히 법다이 할지언정 눈을 부릅뜨고 눈에 힘을 쓰거
나 몸과 마음을 억누르지 말지니라. 만약 용을 쓰면 곧 병
고를 부르리라. 다만 몸을 단정히 바르게 앉아 평상시처
럼 눈을 떠, 몸과 마음과 경계를 돌아보지 말지니라."

"或有昏沈掉擧커든 着些精彩하여 提擧一二聲話頭하면
自然諸魔가 消滅하리라 眼定하면 而心定하고 心定하면 而
身定하리니 若得定時에 不可以爲能事이니라 或忘話頭하
야 沈空滯寂하면 不得大悟하여 反爲大病하리라"

"혹시 혼침과 산란함이 있거든, 정신을 차려 소리내어 한
두 번 화두를 들면, 자연히 모든 마(諸魔)가 사라지리라.
눈이 안정되면 마음이 안정되고, 마음이 안정되면 몸도
안정되리니, 만약 정定을 얻은 때에 능사를 삼지 말지니
라. 혹 화두를 잊어 공空에 잠기고 고요한 데 빠지면, 큰
깨달음을 얻지 못하여 도리어 큰 병이 되리라."

❀

"吾祖가 西來하야 單提直指하여 以大悟로 爲入門하시고
不論禪定神通하시니 此是末邊事이니라 若於定中에 得悟
明者는 智慧却能廣大하여 水陸에 並進也하리라"

"우리 조사[3]께서 서쪽에서 오셔서, 다만 바로 가리킴(直
指)을 들어 큰 깨달음(大悟)으로써 문에 들어감을 삼으시
고, 선정禪定이나 신통神通은 논하지 아니하시니, 이는 말

---

3 우리 조사(吾祖): 달마대사達摩大師를 가리킨다. 중국 남북조 시
대의 선승禪僧으로 중국 선종의 시조이다. 범명梵名은 Bodhi-
Dharma라 하고 보리달마菩提達磨라 음역하는데, 달마는 그 약칭
이다. 남인도 향지국香至國의 셋째 왕자로 태어났으나 대승불교의
승려가 되어 선에 통달하여 반야다라般若多羅 존자의 법통을 이은
뒤 벵골만에서 배로 떠나 오랜 항해 끝에 중국 광동廣東에 이르렀
다. 그리고 지금의 남경인 금릉에 가서 양무제를 만났다. 그의 전
기와 관련해서는 여러 흥미로운 이야기들이 전한다. 양무제와 회
견하여 문답한 이야기, 제자인 혜가가 눈 속에서 팔을 절단하여
구도심求道心을 보이고 선법을 전수받은 이야기, 보리유지菩提流
支와 광통율사光統律師의 질투로 인해 독살당한 뒤 관 속에 한 짝의
신만 남겨 놓고 서천으로 돌아갔다는 이야기, 인도 여행에서 돌아
오던 송운松雲이 도중에 인도로 돌아가는 사후死後의 달마를 만난
이야기 등 여러 가지 설화가 있다.(『불교대사전』상권, p.401, 김길상
편저, 홍법원)

변사未邊事⁴인 까닭이니라. 만약 정定 가운데 깨달음을 밝게 얻은 사람은 지혜가 곧 광대하여 수륙水陸에 모두 나아갈 수 있으리라."⁵

❀

"工夫가 若到濃一上淡一上하여 無滋味時에는 正好進步하여 漸入程節할지니 切不可放捨니라 惺惺하면 便入靜하리니 靜而後에 定이라 定各有名하여 有邪有正하니 宜知之어다"

"공부가 혹 짙어지기도 하고 혹 옅어지기도 해서 아무 맛(滋味)이 없는 때에 이르거든, 바로 잘 나아가서 점점 정절程節⁶에 들지니, 절대로 놓아 버리지 말지니라. 성성惺惺하면 곧 고요함(靜)에 들어가리니, 고요한 후에 선정(定)이라. 선정(定)에는 각각 이름이 있어, 삿됨(邪)과 바름(正)이 있으니 마땅히 이것을 알아야 할지어다."

---

4   말변사未邊事: 지엽적枝葉的인 일.
5   수륙병진水陸並進: 이理와 사事에 걸림이 없이 자유 자재함.
6   정절程節: ① 길목. 길 가는 데 종요로운 어귀. ② 공부해 나가는데 중요한 고비.

"起定後에 身心이 輕淸하야 一切處에 省力하야 於動中에
打成一片커든 卻當仔細用心이니라"

"선정(定)에서 일어난 후에, 몸과 마음(身心)이 가볍고 맑
아서(輕淸) 일체처에 힘씀이 덜려서 활동하는 가운데(動
中)에 한 무더기가 되거든[7], 또한 마땅히 자세히 마음을
쓸지니라."

"趁逐工夫하여 始終에 不離靜淨二字하리니 靜極하면 便
覺하고 淨極하면 光이 通達하느니라"

"공부를 해나감에 처음부터 끝까지 고요할 정(靜)과 맑을
정(淨) 두 자字를 여의지 말지니, 고요함(靜)이 지극하면
곧 깨칠 것이고 맑음(淨)이 지극하면 광명(光)이 통달하
느니라."

"氣肅風淸하여 動靜境界가 如秋天相似時가 是第一箇程

---

7 한 무더기가 되거든(打成一片): 이분법적이고 상대적인 것이 융
화하고 용해되어 하나가 되는 것을 뜻한다.(『선어사전禪語事典』,
p.369, 혜원 편저, 운주사)

節이니 便宜乘時進步이니라"

"기운(氣)이 엄숙하고 바람이 맑아서 동정動靜 경계가 마치 가을 하늘 같을 때, 이것이 첫 번째 정절程節이니, 곧 마땅히 그때를 타서 나아갈지니라."

"如澄秋野水하며 如古廟裏香爐相似하고 寂寂惺惺하여 心路不行時에 亦不知有幻身이 在人間하고 但見箇話頭 綿綿不絶하리니 到這裏하여서는 塵將息而光將發하리니 是第二箇程節이니라 於斯에 若生知覺心하면 則斷純一之 妙하리니 大害也이니라"

"마치 맑은 가을 들물 같으며, 옛 사당 안의 향로 같고, 적적寂寂하고 성성惺惺하여 마음길이 끊어졌을 때에, 또한 허깨비 같은 몸이 인간세계에 있는 것도 모르고 다만 화두만 면면綿綿히 끊어지지 않음을 보리니, 이 속에 이르르면 번뇌(塵)는 장차 쉬고 광명은 장차 발하리니, 이것이 두 번째 정절이니라. 여기에서 만약 지각심知覺心[8]을 내면 순일純一한 묘妙가 끊어지리니 크게 해로우니라."

---

8 지각심知覺心: '알았다, 깨달았다' 하는 마음.

"無此過者는 動靜에 一如하고 寤寐에 惺惺하여 話頭가 現
前하되 如透水月華하고 在灘浪中하여 活潑潑하야 觸하여
도 不散하며 蕩하여도 不失時에 中寂不搖하며 外撼不動矣
리니 是第三箇程節이니 疑團이 破하여 正眼開가 近矣리라"

"이러한 허물이 없는 사람은 동정動靜에 일여一如하고, 자
나 깨나 성성하여 화두가 앞에 나타나되 마치 물에 비친
달빛과 같고 여울물결 가운데 있어 활발발活潑潑[9]하여, 대
질러도 흩어지지 않으며 헤쳐도 잃지 아니한 때, 중심이
고요하고 흔들리지 아니하며 밖으로 흔들어도 움직이지
아니하리니, 이것이 세 번째 정절이니 의심덩어리(疑團)
가 깨어져 정안正眼이 열림이 가까우리라."

"忽然築着磕着하여 崒地絶하며 爆地斷하고 洞明自己하
여 捉敗佛祖의 得人憎處하거든 又宜見大宗匠하여 求煆
煉하고 成大法器언정 不可得少爲足하나라"

"문득 댓돌 맞듯 맷돌 맞듯 하여 졸지절崒地絶하며 폭지

---

9   활발발活潑潑: 물고기가 기운 좋게 물 위로 뛰노는 모습.

단爆地斷[10]하고 자기를 훤하게 밝혀, 부처님과 조사들(佛祖)께서 사람에게 미움 받은 곳을 옮아 잡거든, 또 마땅히 대종장大宗匠을 친견하여 단련煅煉을 구하고 대법기大法器를 이룰지언정, 조금 얻은 것으로 만족함을 삼지 말지니라."

"悟後에 若不見人하면 未免不了後事하리니 其害非一이니라 或於佛祖機緣上에 有礙處하면 是는 悟가 淺하야 未盡玄妙하리라"

"깨달은 뒤에 만약 대종장을 만나지 못하면 뒷일을 요달치 못함을 면치 못하리니, 그 해害가 하나만이 아니니라. 혹 부처님과 조사들의 기연機緣상에 막힌 곳이 있으면 이는 깨달음이 얕아서 현묘함을 다하지 못하리라."

"既盡玄妙커든 又要退步하여 韜晦保養하고 力量을 全備

---

10 졸지절폭지단啐地絶爆地斷: 졸지절은 병아리가 알에서 껍데기를 쪼고 나올 때, 폭지단은 밤을 구울 때 속이 다 익어 탁 터지는 순간을 말함. 정진의 기연機緣이 성숙하여 확철대오廓徹大悟할 때의 상황을 형용.

하여 看過藏敎儒道諸書하고 消磨多生習氣하여 淸淨無際
하며 圓明無礙라사 始可高飛遠擧하고 庶得光明이 盛大하
여 不辱先宗하리라"

"이미 현묘함을 다했거든, 또 물러서서 이름을 감추고 자
취를 감추어(韜晦) 보양보양保養하여 역량을 온전히 갖추어,
장경과 유교·도교의 서적들을 다 보고 다생의 습기習氣
를 녹여서, 청정하여 끝이 없으며 원명하여 걸림이 없어
야, 비로소 가히 높이 날며 멀리 날고 거의 광명이 성대하
여 선조사先祖師의 종풍을 더럽히지 아니하리라."

"其或換舊時行履處를 未盡하면 便墮常流하리라 更若說
時似悟나 對境還迷하여 出語如醉人하며 作爲似俗子하여
機不識隱顯하며 語不知正邪하여 撥無因果인대는 極爲大
害니라 先輩의 正之與邪가 大有樣子하니라"

"만약 옛 행리처行履處를 바꿈을 다하지 못하면 곧 범상
한 무리에 떨어지리라. 또 만약 말할 때는 깨친 듯하나,
경계를 대하면 도로 미迷하여 말하는 것이 취한 사람 같
으며 하는 짓이 속인 같아서, 기틀의 숨고 나타남을 알지
못하며, 말의 바르고 삿됨을 알지 못하여 인과의 도리를

부정할진댄 지극히 큰 해가 되느니라. 선배先輩의 바르고
삿됨에 큰 본보기가 있느니라."

❀

"了事者는 生死岸頭에 能易麤爲細하며 能易短爲長하여
以智光明解脫로 得出生一切法三昧王하리니 以此三昧
故로 得意生身하여 向後에 能得妙應身信身하리니 道如
大海하야 轉入轉深하리라"

"일 마친 사람은 생사 언덕에서 머트러운 것을 바꾸어 미
세하게 하며, 능히 짧은 것을 바꾸어 긴 것이 되게 하여,
지혜 광명 해탈로써 일체법을 낼 삼매왕을 얻으리니, 이
삼매를 쓰는 고로 의생신意生身[11]을 얻어서 향후에 능히
묘응신신신妙應身信身[12]을 얻으리니, 도는 큰 바다와 같아
서 들어가면 들어갈수록 더욱 깊으리라."

---

11 의생신意生身: 범어는 Manomaya-kaya로 마노말야摩奴末耶의 번
역. 부모가 낳은 육신이 아니고, 생각하는 대로 생기는 몸. 곧 화생
신化生身, 변화신變化身, 겁초劫初의 인신人身, 색계신, 무색계신, 중
유신中有身을 포함.(『몽산법어』, pp.69~70, 선학간행회 역, 용화선원)

12 묘응신신신妙應身信身: 그 기연機緣에 응해서 화현하는 불신佛身.
보살에 대해서는 노사나불의 몸을 나투고, 성문聲聞에게는 장육
신丈六身을 나툰다.(『몽산법어』, p.70, 선학간행회 역, 용화선원)

❀

"達摩가 有頌云하사대 悟佛心宗은 等無差互나 行解相
應하여야 名之曰祖라하시니라 更莫說宗門中에 有超佛越
祖底作略하라 聰上人은 信麼아 信與不信은 向後自知하
리라"

"달마가 송頌하여 이르시되 '부처 마음을 깨닫는 데는 한
가지라 차별이 없으나 아는 것(解)과 행行이 서로 상응하
여야 조사라고 부른다.'라 하시니라. 다시 종문 가운데에
부처와 조사를 뛰어넘는 책략이 있다고 말하지 말라. 총
상인은 내 말을 믿느냐? 믿고 믿지 않는 것은 뒷날 스스로
알게 되리라."

위의 「몽산법어시총상인」에서는 화두를 참구하다가 나타
나는 과정을 크게 일곱 단계로 나누어 놓았음을 알 수 있다.

① 첫 번째 정절程節
② 두 번째 정절程節
③ 세 번째 정절程節
④ 화두 타파의 순간
⑤ 보임保任의 과정
⑥ 의생신을 얻는 단계

⑦묘응신신신을 얻는 단계가 그것이다.

그리고 위의 "깨달은 뒤에 만약 대종장을 만나지 못하면 뒷일을 요달치 못함을 면치 못하리니, 그 해害가 하나만이 아니니라."에서 보듯이, 이 글에서는 화두타파話頭打破를 깨달음이라고 표현하고 있지만, 이것이 궁극의 경지를 말하는 것이 아님을 알 수 있다.

만약 화두타파가 끝이라면, 몽산 화상은 왜 대종장을 다시 만나라고 그렇게 간절히 수선납자修禪衲子들에게 이야기하고 있을까?

그리고 의생신意生身과 묘응신신신妙應身信身을 얻어야 한다고 강조하고 있는데, 이 의생신과 묘응신신신은 도대체 무엇을 말하는 것일까? 의생신은 범어 'manomaya kaya'를 번역한 말로 'mano'는 '마음', 'maya'는 '환영幻影', 'kaya'는 '몸'을 말한다.

그래서 의생신意生身은 '마음으로 만든 환영같은 몸'이라는 뜻으로, 신역新譯에서는 '의성신意成身'으로 번역하기도 하였다. 『능가경楞伽經』에서는 의생신과 의성신이 함께 쓰이며, 영어로는 'mind made body'로도 번역한다. 다른 일부 경전에서는 환신幻身으로 번역하기도 한다.

남방 빨리어 경전인 『싸만나팔라경(Samannaphalasutta,

D.N. I. 47)』에서도 의생신을 찾아볼 수 있다.

"그는 이와 같이 마음이 삼매에 들고, 청정하고, 깨끗하고, 흠이 없고, 오염원이 사라지고, 부드럽고, 활발발하고, 안정되고, 흔들림이 없는 상태에 이르렀을 때 마음으로 만든 몸으로 마음을 향하게 하고 기울게 합니다.

그는 이 몸으로부터 형상을 가지고, 마음으로 이루어지고, 모든 수족이 다 갖추어지고, 감각기능(根)이 결여되지 않은 다른 몸을 만들어 냅니다.

대왕이여, 예를 들면 사람이 문자풀로부터 갈대를 골라내는 것과 같습니다. 그에게는 이런 생각이 들 것입니다. '이것은 문자풀이고 이것은 갈대이다. 문자풀과 갈대는 다르다. 문자풀로부터 갈대는 제거되었다.'라고.

대왕이여, 다시 예를 들면 사람이 칼을 칼집에서 끄집어내는 것과 같습니다. 그에게는 이런 생각이 들 것입니다. '이것은 칼이고 이것은 칼집이다. 칼과 칼집은 다르다. 칼집으로부터 칼은 끄집어내졌다.'라고.

대왕이여, 다시 예를 들면 사람이 뱀을 개미집으로부터 끄집어내는 것과 같습니다. 그에게는 이런 생각이 들 것입니다. '이것은 뱀이고 이것은 개미집이다. 뱀과 개미집은 다르다. 개미집으로부터 뱀은 끄집어내졌다.'라고.

대왕이여, 그와 마찬가지로 그는 마음이 삼매에 들고, 청
정하고, 깨끗하고, 흠이 없고, 오염원이 사라지고, 부드
럽고, 활발발하고, 안정되고, 흔들림이 없는 상태에 이르
렀을 때 마음으로 만든 몸으로 마음을 향하게 하고 기울
게 합니다. 그는 이 몸으로부터 형상을 가지고, 마음으로
이루어지고, 모든 수족이 다 갖추어지고, 감각기능(根)
이 결여되지 않은 다른 몸을 만들어냅니다."[13]

그리고 남방불교의 대표적인 수행지침서인 『청정도론』[14]
에도 의생신에 대한 언급이 나온다.

"그 신통 나투는 이는 브라흐마(梵天)의 앞에 모든 조
건이 갖추어져서 모자람 없는 태도로 마음대로 만든 몸
(mano maya kaya)을 만든다. 만약 그가 경행하려면 만들
어 놓은 환영의 몸이 그곳에 가서 경행한다. 만약 서거

---

13 각묵 스님 번역 인터넷 자료 cfile232.uf.daum.net/attach/17263
B3B4EC70830153940에서 인용.

14 『청정도론(淸淨道論, Visuddhimagga)』: 기원 후 5세기, 지금부터
1,500년 전 인도 출신의 붓다고사Buddhaghosa 스님이 스리랑카
로 건너가서 지은 논서로, 남방불교 최고의 수행 지침서로 불리
운다.

나 앉고 누우려면 그 만든 몸이 그렇게 한다. 만약 그가 브라흐마 천인과 함께 지내거나 말하거나 의논하려고 하면 그 속에서 그런 일을 할 수 있다. 그 만든 환영의 몸 (Nimitta rupa)이 그렇게 한다."[15]

"마음으로 (다른 몸을) 만드는 신통을 나투고자 하는 자는 기초가 되는 선禪에서 출정하여 먼저 앞서 설한 방법대로 몸으로 전향하고는 '구멍이 있기를'이라고 결의한다. 그러면 구멍이 있게 된다. 그때 자기 몸속에서 다른 몸으로 전향하고 준비를 짓는다. 그 후 앞서 설한 방법대로 결의한다.

그의 속에 다른 몸이 생긴다. 그는 그것을 끌어낸다. 마치 문자풀에서 새순을, 칼집에서 칼을, 허물에서 뱀을 끌어내듯이. 그러므로 이와 같이 설하셨다.

여기 비구는 이 몸에서, 마음으로 이루어졌고, 사지를 모두 갖추었고, 감각기능이 구족한 다른 형상의 몸을 창조한다. 예를 들면, 사람이 문자풀에서 새순을 뽑아내면서 이렇게 생각하는 것과 같다.

'이것은 문자이고, 이것은 새순이다. 문자와 새순은 서로

15   『위숟디 막가(청정도론)』, p.384, 범라 옮김, 위빠싸나 출판사.

다르다. 문자로부터 새순을 뽑아내었다.'라고.(Ps. ii 210-11) 여기서 마치 새순 등이 문자풀 등과 비슷하듯이, 마음으로 만들어진 형상도 신통을 가진 자와 닮았다. 그러므로 이것을 보여주기 위해 이 비유를 설했다. 이것이 마음으로 (다른 몸을) 만드는 신통이다."[16]

이를 종합해 보면, 『몽산법어』와 『능가경』, 남방 빨리어 경전과 『청정도론』에 모두 '의생신'이 언급되어 있으며, 내용을 보면 '의생신'을 성취하는 것이 수행의 하나의 과정으로 중요한 것임을 알 수 있다.

많은 한국의 스님들과 불자들은 '의생신意生身'이라는 불교 용어를 거의 들어 보지도 못했거나, 들어 본 적이 있어도 잘 모르고 별로 중요한 의미를 부여하지 않는다. 수행 과정상에 꼭 의생신을 증득해야 하는 필요성도 모르고 있다.

그래서 필자가 의생신을 언급하면 이것은 단지 몇 개의 경전이나 논서에 나올 뿐이고 실제로 수행하는 데 그다지 중요하지 않다고 생각할 수 있을 것이다. 심지어는 필자가 말하는 '의생신'을 비불교적인 것이나 외도의 사상이라고 잘못 오해하기도 할 것이다. 그러나 다수의 초기경전과 대승경전

16　『청정도론』 2, pp.342~343. 대림 스님 옮김, 초기불전연구원.

에서 '의생신'을 꼭 증득해야 할 수행상의 중요한 과정으로 기술하고 있다. 그래도 의심 가는 독자들을 위해, 한 불교학자가 논문에서 언급하고 있는 내용을 살펴보자.

"불교 수행자가 명상 수행 중에 얻는 미세한 몸으로 일반적으로 알려져 있는 '의생신'(意生身, S. manomaya-kaya)은 초기 불교에서 대승 전통에 이르기까지 경론 자료에 꾸준히 등장하는 개념이다. 의생신은 실증적 검증의 영역을 벗어나는 내부경험과 관련되는 개념이므로 불교의 신화적 영역을 표방하는 것으로 여겨졌지만 선행하는 연구들에 의해 의생신이 불교 우주론 체계에서 가지는 중요한 이론적 함의가 밝혀졌다. 즉, 이러한 연구들에 의하면 불교 수행자들이 초자연적인 능력을 지닌 이러한 특별한 몸을 성취하는 것은 불교 우주론 체계 내에서 그들의 존재론적 양상이 진보하는 것과 관련성이 있다."[17]

---

17 「불교 우주론과 수증론 체계에서 본 의생신(意生身, S. manomaya-kaya)의 의미」, p.3, 이수미, 동국대학교 불교학술원. 이 논문은 Buddhist Studies Review 31. 1(2014), pp.65~90(Copyright© Equinox Publishing Ltd 2014)에 실린 "The Meaning of 'Mind-made Body'(S. manomaya-k.ya, C. yisheng shen意生身) in Buddhist Cosmological and Soteriological systems"의 한글번

위 논문에서 '의생신'은 초기 불교에서 대승 전통에 이르기까지 경론 자료에 꾸준히 등장하는 개념이라고 하였다. 그리고 의생신을 성취하는 것이 불교 우주론 체계 내에서 그들의 존재론적 양상이 진보하는 것과 관련성이 있다는 말은 불교 우주론 체계, 즉 욕계, 색계, 무색계의 불교적 우주론으로, 선정수행으로 점점 진보해 나가는 과정을 말한다.

붓다께서도 이런 초선初禪, 이선二禪, 삼선三禪, 사선四禪 등의 선정수행이 진보하여 무색계의 선정까지 성취했다는 것은 잘 알려진 사실이다. 따라서 의생신은 선정 수행의 과정상에 얻어야 되고, 얻을 수밖에 없는 과정인 것이다.

이러한 내용들을 잘 모른다는 것은 우리가 얼마나 경전이나 논서를 등한시하며 수행하고 있는지 말해준다. 물론, 불교 교학은 수행을 해 나가기 위한 '먼 길을 가기 위한 지도'에 불과하지만, 지도 없이 어떻게 한 번도 가보지 않은 길을 잘 갈 수 있겠는가? 어느 정도의 교학은 필수적임을 독자들도 수긍할 것이다.

이상의 내용들을 정리하여 말하면, 화두를 타파하는 것은

역이다. 불교학리뷰(Critical Review for Buddhist Studies) 18권, pp.87~128.

부처가 되는 기나긴 과정의 거쳐 가는 한 과정이며, 화두를 타파하는 것이 바로 부처가 되는, 즉 '성불成佛'을 의미하는 것이 아님을 알 수 있다. 그래서 이제부터라도 '화두타파話頭 打破는 곧 견성見性이고, 견성見性이 곧 성불成佛'이라는 잘못 세뇌된 어리석은 견해를 버리고 좀 더 열린 마음으로 사고하도록 하자.

그렇다면, 즉 견성이 바로 성불이 아니라면 견성은 무엇인가? 다음을 보자.

완전한 부처님의 경지에 이르기까지에는 많은 단계가 있고, 이것을 분류하는 것은 경전과 논서, 종파에 따라 여러 가지가 있다. 이 중에서 설일체유부의 5위位에 따른 분류로는, 자량위資糧位, 가행위加行位, 견도위見道位, 수도위修道位, 무학위無學位의 구분이 있다. 여기서 견도위에 해당하는 단계가 견성見性한 단계이며, 보살10지에서 초지初地에 해당하고, 소승에서 말하는 예류향預流向이며, 이 경지를 견도見道라고 하는데, 견도見道가 곧 견성見性이라고 보면 된다. 예류향부터 범부가 아닌 성인聖人의 흐름에 들기 시작한다.

견도見道 바로 다음의 경지는 수도위修道位의 경지이고, 바로 예류과預流果인 수다원과須陀洹果에서 시작한다. 성인 4과란 수다원須陀洹, 사다함斯陀含, 아나함阿那含, 아라한阿羅漢

을 말하는데 수도위의 경지에서 더욱 더 나아가면 무학위인 아라한과를 얻게 된다. 수다원과를 얻으면 최대 7번의 생을 왕복하는데, 인人·천(天; 욕계천을 말함) 가운데에 각기 일곱 번 태어난다는 뜻이다. 사다함과는 일래과一來果라고 하는데, 천상에 갔다가 한 번만 인간으로 태어나 더 이상 다시 태어나는 일이 없어서 '한 번 온다'고 일래一來라고 하며, 아나함과는 불환과不還果라고 하여 다시는 욕계로 와서 태어나지 않는데, 그래서 불환不還, 즉 '돌아오지 않는다'고 한다. 아라한의 경지는 무학위無學位라고도 하는데, 또 다른 과위果位를 획득하기 위해 마땅히 닦아야 할 학學이 더 이상 존재하지 않기 때문에 '무학無學'이라고 한다.

아라한의 경지도 6가지의 높고 낮은 차별이 있고, 여러 가지 이설異說이 있지만, 대체적으로 대승에서 말하는 보살 8지의 경지를 아라한이라고 보면 크게 틀리지 않는다. 보살 8지부터는 불퇴전지不退轉地인데, 더 이상 물러남이 없는 경지이다. 보살 8지, 9지, 10지의 위에는 등각等覺과 묘각妙覺의 경지가 있는데, 등각은 금강유정金剛喩定에 든 경지로, 금강유정이란 지혜의 견고함은 금강과 같고, 일념으로 무시無始의 무명無明을 타파하여, 무상(無上, 위없는)의 부처님의 경지에 도달하는 앞 단계이고, 묘각은 완전한 부처님의 경지인 불과佛果를 성취한 경지이다.[18]

이상의 내용을 표로 정리하면 아래와 같다.(도표 1)

설일체유부의 수행 계위			유식 법상종의 수행 계위		
資糧位	外凡位	3현(三賢)	10住 10行	資糧位	凡夫
加行位	內凡位(4善根)	暖 頂 忍 世第一法	10回向	加行位	
見道位	예류향(預流向)		菩薩 初地(歡喜地)-견성(見性)	通達位	聖者
修道位	預流果-수다원과 一來向 一來果-사다함과 不還向 不還果-아나함과 阿羅漢向		菩薩 2지(離垢地) 菩薩 3지(發光地) 菩薩 4지(炎慧地) 菩薩 5지(難勝地) 菩薩 6지(現前地) 菩薩 7지(遠行地)	修習位	
無學位	無學果-아라한과		菩薩 8지(不動地)-不退轉地 菩薩 9지(善慧地) 菩薩 10지(法雲地) 등각(等覺)-금강유정(金剛喩定) 묘각(妙覺)-불과(佛果)	究竟位	

---

18 이상의 수행단계에 대한 이론은 『불교대사전』(김길상 편저, 홍법원),『아비달마 구사론』(권오민 역주, 동국역경원),『불교용어 기초지식』(水野弘元 저, 석원연 옮김, 들꽃누리) 등을 참조하였다.

죽음의 과정과 수행의 과정은
둘이 아니다

– 『티베트 사자의 서』를 통해서 본 죽음의 과정과 수행의 과정

"우리는 모두 태어나서 늙고 병들고 죽는다." 이 진리는 아무도 부정할 수 없을 것이다. 석가모니 부처님도 젊은 시절에 이 사실을 알고 여기에서 벗어나려고 출가하신 것이다. 그러나 한국 불교의 출가 수행자들과 재가 신자들은 죽음의 과정에 대해서는 잘 알지 못하고, 또 별로 알고 싶어 하지 않는다.

우리는 경전을 통해, 죽음을 겪은 중생이 다시 윤회하여 탄생하는 것을 알고 있지만, 그 과정을 자세히는 알지 못한다.

『티베트 사자死者의 서書』는 티베트에 불교를 전한 '파드마 삼바바'라는 대성취자가 삼매상태에서 경험한 '죽음에 이

르는 과정'을 기록한 책으로, 미국과 유럽에서 60~70년대에 선풍적인 인기를 끈 책이다. 1,600여 년의 불교 역사를 지닌 한국에 오히려 늦게 소개된 것이 아이러니다.

이 책을 통하여 죽음의 과정을 대략적이나마 살펴보자.

"사람의 신체는 근육, 체력, 체열, 호흡, 몸의 기색 등 '5대의 내재적 원소'와 지(땅), 수(물), 화(불), 풍(바람), 공(허공) 등의 '5대의 외재적 원소'가 서로 호응하면서 존재한다.

사망시 체내의 5대 원소와 체외의 5대 원소가 하나하나 붕괴하면서 갖가지 죽음의 징후가 명백히 나타난다.

지대地大의 분해

임종자의 온몸에서 일종의 압박감이 발생하는데, 이를 소위 '지대'가 '수대' 속에 녹아 들어간다고 한다. 지대가 물에 흡수되면서 분해의 과정이 즉각 시작된다. 이때 수반되는 내재적 체험은 모든 사물의 겉모습이 황색으로 변하는 것이다. 모든 사물이 마치 홍수와 지진 속에서 붕괴되는 것과 같다. 바로 이어서 임종자의 체력이 급속히 떨어지면서 일어날 수가 없다.

수대水大의 분해

축축하고 차가운 감각을 온몸으로 느끼면서 마치 깊은 물에 빠진 듯하지만, 나중에는 점점 열이 나는 감각으로 변한다. 바로 '수대'가 '화대' 속에 녹아 들어가는 것이다. 임종자는 전체 우주의 모든 곳에 홍수가 난 것을 느끼고, 주위의 사람도 임종자의 얼굴과 두 입술이 열이 나서 순식간에 건조해지는 것을 감지할 수 있다.

화대火大의 분해

세 번째 원소 '화대'가 분해해서 '풍대'로 들어갈 때는 일체 사물이 다 붉은색을 띤 모습으로 나타나면서 사방의 사물이 불타는 듯한 체험을 한다.

풍대風大의 분해

'풍대'가 분해하여 '공대'에 들어갈 때는 일체의 사물이 다 녹색을 띤 모습을 나타낸다고 느낀다. 그리고 우주 공간에 광풍이 불고 폭우가 내리는데, 마찬가지로 신체의 조직도 전부 찢겨지고 부수어진다.

공대空大의 분해

'공대'가 붕괴한 후에 육체는 완전히 무너지며, 생명은

곧장 의식 속으로 들어가면서 잇달아 귀를 찌르는, 엄청
난 우레 소리가 들린다. 이때는 일종의 극심한 어둠 속에
있으면서 감각기관의 지각을 상실한다."[19]

티베트 불교의 수행 이론을 다룬 책에서는 '죽음의 과정'
에 대해 어떻게 말하고 있는지 보자.

"불교에서는 일반적으로 '나'라는 인간을 구성하는 요소
를 다섯 가지 모임으로 나누어서 생각합니다. 이것을 불
교용어로 '오온五蘊'이라 합니다. 인간이 죽을 때는 그 오
온이 순서대로 융해되고, 차례대로 기능을 잃게 됩니다.
오온 중에 가장 눈에 띄는 거친 요소는 색온色蘊, 즉 몸입
니다. 죽음의 과정에서 그것이 융해될 때 몸의 힘을 잃게
되고 쇠퇴해 갑니다. 그 중에서도 특히 고체적인 요소(地
大)가 쇠퇴하고, 시각(眼根)이 활동하지 않게 됩니다. 이
때 죽어가는 임종자臨終者는 시각적으로 보지 못하고 땅
이 꺼지는 듯한 느낌을 받고 무거운 것에 짓눌리는 듯한
느낌을 받습니다. 고체적인 요소란 지대地大로서 몸의
근육도 지대에 해당되는데 근육이 힘이 없어 몸을 움직

19 『티베트 사자의 서』, pp.56~58, 장홍스 풀어씀, 장순용 옮김, 김영사.

이거나 일으킬 수가 없게 됩니다. 또, 산이 무너지고 땅이 갈라지는 듯한 느낌을 받기도 하며 모든 사물의 겉모습이 노란색(黃色)으로 변합니다. 그리고 이 '첫 번째 융해 단계'가 완료된 표시로서 마음속에 신기루蜃氣樓같은 모습(相)이 나타난다고 합니다.

색온이 융해한 뒤에 가장 눈에 띄는 거친 요소는 수온受蘊, 즉 마음의 감수 작용입니다. 그 수온이 융해할 때, 고통과 쾌락 등에 대한 신체적인 감각이 마비됩니다. 또한 액체적인 요소(水大)가 쇠퇴하고, 청각(耳根)이 활동하지 않게 됩니다. 이때 죽어가는 임종자는 내외의 소리를 듣지 못하게 됩니다. 액체적인 요소란 수대水大로서 몸의 수분과 체액, 혈액이 이에 해당하는데, 몸에 수분이 바짝 말라서 건조하고 목이 마른 느낌을 받습니다. 또 온 우주에 큰 홍수가 나서 물에 휩쓸리는 것 같은 느낌을 받기도 하며 모든 사물의 겉모습이 흰색(白色)으로 변합니다. 그리고 이 '제2의 융해 단계'가 완료된 표시로써 마음속에 연기와 같은 것이 나타난다고 합니다.

수온이 융해된 뒤에 가장 눈에 띄는 거친 요소는 상온想蘊, 즉 마음의 식별 작용입니다. 이 상온이 융해될 때 기억을 잃게 되어 바깥의 인식 대상을 식별할 수 없게 됩니다. 이때 임종자는 냄새를 맡지 못하고 또한 따뜻함의 요소(火大)가 쇠퇴하여 체온도 내려가고 후각(鼻根)이 작용하지 않게 됩니다. 또 전체 우주에 큰 불이 나서 활활 타오르는 느낌을 받기도 하며 모든 사물의 겉모습이 붉은색(赤色)으로 변합니다. 그리고 이 '제3의 융해 단계'가 완료된 표시로써 **마음속에 반딧불 같은 상이 나타난다**고 합니다.

상온이 융해된 후 가장 눈에 띄는 거친 요소는 행온行蘊, 즉 의식작용을 비롯한 마음의 여러 가지 활동입니다. 그 행온이 융해될 때, 뭔가를 하려고 해도 아무 것도 할 수가 없게 됩니다. 또한 기체적인 에너지의 요소(風大)가 쇠퇴하여 풍대風大에 해당하는 호흡도 정지하고, 미각(舌根)과 감촉(身根)이 작용하지 않게 됩니다. 이때 임종자는 우주 공간에 광풍狂風이 불고 폭우가 쏟아지는 것을 느끼기도 하며 모든 사물의 겉모습이 녹색(또는 청색)으로 변합니다. 그리고 이 '제4의 융해 단계'가 완료된 표시로써 **마음속에 등불 같은 상이 나타난다**고 합니다.

이렇게 행온이 융해된 뒤에는 오온 중에 마지막 식온識蘊

만이 남게 됩니다. 식온이란 마음 그 자체인 '식識'의 모임입니다. 그 식에도 시각 등의 오감에 의존한 식(根識)과 마음 자신에 의존한 식(意識)의 구별이 있습니다. 전자(前者)는 비교적 거친 식이고, 지금까지의 단계에서 오감을 잃는 현상을 통해 이미 활동이 없게 됩니다. 근식根識의 영향을 받은 의식도 마찬가지입니다. 따라서 '제4의 융해 단계'가 종료한 단계에서 아직 기능하는 것은 근식의 영향을 받지 않는 미세한 의식과 그 여러 가지 활동 및 의식의 근거가 되는 미세한 풍風밖에 없습니다. 이 '미세한 풍'이란 '제4의 순서'에서 기체적인 에너지의 거친 요소가 융해되고 그 뒤에 남은 미세한 요소입니다.

'제5의 융해 단계' 이후는 의식과 풍이 더욱더 미세한 것으로 되어가는 단계입니다. 앞에서 말한 대로 오감에 의존하는 식이나 혹은 바깥 인식 대상을 지각하는 마음의 활동 등은 이미 작용하지 않고 있습니다. 이 시기의 임종자의 육체는 완전히 무너지며, 생명은 곧장 의식 속으로 들어가면서 잇달아 귀를 찌르는, 엄청난 우레소리를 듣기도 합니다. 이 시점에서 기능하는 요소 중에서 가장 거친 것은 마음속에서 생각을 해내는 여러 가지 의식의 활동이고, 이것을 '80자성분별심自性分別心'이라 합니다.

80자성분별심이 모두 융해되어 작용하지 않게 되었을

때, 가을 하늘 밤에 달빛이 가득한 허공처럼 흰색 현현顯現이 마음속에 맑게 나타납니다. 이것은 상반신의 풍이 몸의 중심으로 거두어짐으로 인해 생기는 현상이고 80자성분별심이 융해되면서 표면화된 미세한 잠재의식이 그런 풍이 거두어지는 것을 감지하는 상태입니다. 여기까지가 '제5의 융해 단계'이고, 현명顯明이라고도 합니다.

그 흰색 현현도 융해할 때 가을 하늘에 햇빛이 가득한 허공처럼 붉은 현현이 마음속에 맑게 나타납니다. 이것은 하반신의 풍이 몸의 중심으로 거둬짐에 의해 생기는 현상이고, 흰색 현현 때보다도 더욱 미세한 잠재의식이 그런 풍의 거둬짐을 감지하는 상태입니다. 여기까지가 '제6의 융해 단계'이고, '현명증휘顯明增輝'라고도 합니다.

그 붉은 현현이 융해될 때 가을 하늘 밤에 어둠이 가득 찬 허공처럼 검은 현현이 마음속에 나타납니다. 이것은 전신의 풍이 가슴에 완전히 거둬짐에 의해 생기는 현상이고, 붉은 현현 때보다 더욱 미세한 잠재의식이 그런 풍의 거둬짐을 감지하는 상태입니다. 여기까지가 '제7의 융해 단계'이고, '현명근득顯明近得'이라고도 합니다.

이 단계의 후반에서는 검은 현현조차도 소실되고 마음은 아무 것도 감지할 수 없게 된다고 합니다. 그것은 지금까지 표면화되어 있던 모든 의식과 풍이 어느새 기능하지 않게 된 상태에 지나지 않습니다. 이윽고 **마치 동트기 전 새벽의 여명의 하늘빛처럼 지금까지보다 훨씬 청정하고 맑은 현현이 마음속에 퍼집니다.** 이것은 모든 풍이 가슴에 거둬진 끝에 미세한 의식에서 아무런 작용도 없게 된 뒤에 지금까지와는 차원이 다른 가장 미세한 의식과 풍이 활성화되어 생긴 현상입니다. 여기까지가 '**제8의 융해 단계**'이고, '**정광명(淨光明-죽음의 광명)**'이라고도 합니다."[20]

이상을 정리하면, 색온(지대) → 수온(수대) → 상온(화대) → 행온(풍대) → 식온(공대) → 현명 → 현명증휘 → 현명근득 → 정광명의 단계로 진행하고 정광명의 단계인 8단계에 이른 것을 『티베트 사자의 서』에서는 죽음이라고 정의한다.

간혹, 죽었다가 되살아나는 임사체험자臨死體驗者들은 정광명 이전의 단계에서 돌아오는 경우이며, 정광명 단계까지

20　『티베트 불교 수행의 설계도』, pp.40~44, 사이토 타모츠고 지음, 석혜능 옮김, 하늘북.

가면 다시 살아 돌아오지 못한다. 위에서 말한 순차적으로 일어나는 8단계로, 색色, 수受, 상想, 행行, 식識이 융해되면서 지대가 수대로, 수대가 화대로, 화대가 풍대로, 풍대가 공대로 분해되는 현상은 교통사고나 갑작스런 죽음의 경우에는 해당되지 않는다.

이상의 내용을 표로 정리하면 아래와 같다.(도표 2)

단계	융해하는 요소	외적인 현상	내적인 현상	임종자의 내적 체험	비 고
1	색온 地大 융해	보지 못함, 땅의 꺼짐	신기루(아지랑이)	모든 사물이 황색으로 변한다	
2	수온 水大 융해	내외의 소리를 듣지 못함	연기(푸른연기)의 솟아남	모든 사물이 흰색으로 변한다	
3	상온 火大 융해	냄새를 맡지 못함	밤하늘의 반딧불 또는 빨간 불티의 튀어오름	모든 사물이 붉은색으로 변한다	
4	행온 風大 융해	호흡의 끊김, 맛을 모름, 감촉의 소멸	등불(촛불)의 떨림	모든 사물이 녹색(또는 청색)으로 변한다	

5	식온 空大 융해	외적인 현상이 사라짐	가을 하늘 밤에 달빛이 비침 (白光)		흰색 현현 (顯明)
6			가을 하늘에 햇 빛이 비침(赤光)		붉은색 현현 (顯明增輝)
7			가을 하늘에 짙 은 어둠이 내림 (黑光)		검은색 현현 (顯明近得)
8			가을 하늘에 투명한 빛 (여명의 하늘 빛)		맑은 현현 (淨光明)
9	의생신(意生身) 출현				

죽음의 과정을 좀 더 자세하게 서술한 내용을 보자.

"인체를 구성하는 물질의 쌓임인 색온色蘊·느낌의 쌓임
인 수온受蘊·헤아림의 쌓임인 상온想蘊·궁굴림의 쌓임
인 행온行蘊·의식의 쌓임인 식온識蘊이 뭉쳐진 오온五蘊
과 땅·물·불·바람의 네 가지 원소인 사대四大와 눈·귀·
코·혀·몸·뜻의 여섯 감관인 육근六根과 모양·소리·향
기·맛·닿음의 다섯 대경인 오경五境과 〔법계의 참모습
을 아는〕법계체성지法界體性智·〔사물을 거울처럼 비춰
보는〕대원경지大圓鏡智·〔윤회와 열반의 법들이 본래 같
음을 아는〕평등성지平等性智·〔사물의 고유한 차별상을

아는) 묘관찰지妙觀察智·(모든 사업을 자연스레 이룰 줄
아는) 성소작지成所作智의 기본의 오지五智 등을 합한 인
체의 25가지 거친 원소들이 소멸하는 과정을 통해서 죽
음이 일어나며, 소멸하는 과정은 다음과 같다.

물질의 쌓임에 속하는 다섯 원소들의 은멸

먼저 물질의 쌓임인 색온色蘊의 부류에 속하는 다섯 원소
들인, 물질의 쌓임과 사물을 거울처럼 비춰보는 지혜와
땅 원소와 눈 감관과 마음에 귀속되는 내색內色들이 동시
에 소멸하며, 각자의 은멸隱滅하는 현상은 다음과 같다.
첫째, 물질의 쌓임(色蘊)이 소멸하는 외적 현상은 몸의
지분들이 예전에 비하여 줄어들고, 몸이 쇠잔해지고, 근
력이 없어지는 것이다.
둘째, 기본의 대원경지大圓鏡智는 거울 속에 영상이 나타
남과 같이 모든 바깥 사물들을 일시에 분명하게 지각하
는 지혜를 말한다. 이것이 소멸하는 외적 현상은 눈의 초
점이 풀리고 흐릿해지는 것이다.
셋째, 땅 원소(地大)가 소멸하는 외적 현상은 몸이 크게
건조해지고, 몸의 지분들이 풀어지며, 몸이 땅 밑으로 가
라앉는 것과 같은 느낌이 일어나는 것이다.
넷째, 눈 감관(眼根)이 소멸하는 외적 현상은 눈을 감거

나 뜨지 못하는 것이다.

다섯째, 마음에 귀속되는 내색內色이 소멸하는 외적 현상은 몸의 광택이 죽고, 기력이 고갈됨이다.

이들 다섯 원소들이 모두 은멸하는 내적 현상은 아지랑이와 같은, 마치 봄날 강변 모래밭에 햇살이 박히면 물이 출렁거림과 같은 현상이 의식 가운데 일어나는 것이다.

느낌의 쌓임에 속하는 다섯 원소들의 은멸

그 뒤 느낌의 쌓임인 수온受蘊의 부류에 속하는 다섯 원소들의 은멸이 동시에 일어난다.

첫째, 느낌의 쌓임(受蘊)이 소멸하는 외적 현상은 감관 알음이(根識)에 수반하는 괴로움(苦)과 즐거움(樂)과 비고비락非苦悲樂의 3가지 느낌을 몸 알음이(身識)가 깨닫지 못하는 것이다.

둘째, 기본의 평등성지平等性智는 괴로움과 즐거움과 비고비락의 3가지 느낌을 동시에 억념하는 지혜를 말한다. 이것이 소멸하는 외적 현상은 의식에 수반되는 괴로움과 즐거움과 비고비락의 3가지 느낌을 기억하지 못하는 것이다.

셋째, 물 원소(水大)가 소멸하는 외적 현상은 침과 땀과 소변과 피와 정액들이 대부분 말라버림이다.

넷째, 귀 감관(耳根)이 소멸하는 외적 현상은 안과 바깥의 소리를 듣지 못하는 것이다.

다섯째, 마음에 귀속되는 내부의 소리(內聲)가 소멸하는 외적 현상은 귀 안에서 일어나는 웅~ 하는 소리를 듣지 못하는 것이다.

이들 다섯 원소들이 모두 은멸하는 내적 현상은 마치 연기가 자욱하게 깔린 가운데 굴뚝에서 연기가 솟아나옴과 같거나, 푸른 연기가 뭉글뭉글 피어오르는 것과 같은 현상이 의식 가운데 일어나는 것이다.

헤아림의 쌓임에 속하는 다섯 원소들의 은멸

그 뒤 헤아림의 쌓임인 상온想蘊의 부류에 속하는 다섯 원소들의 은멸이 동시에 일어난다.

첫째, 헤아림의 쌓임(想蘊)이 소멸하는 외적 현상은 부모, 친족 등의 의미를 기억하지 못하는 것이다.

둘째, 기본의 묘관찰지妙觀察智는 친척 등의 이름을 일일이 기억하는 지혜를 말한다. 이것이 소멸하는 외적 현상은 부모를 비롯한 친족들의 이름을 기억하지 못하는 것이다.

셋째, 불 원소(火大)가 소멸하는 외적 현상은 몸의 열기가 식어서 음식물을 소화하는 힘이 없어지는 것이다.

넷째, 코 감관(鼻根)이 소멸하는 외적 현상은 코로 공기를 들어마심이 약해지고, 배출은 거칠고 길어져서 숨이 쌓이는 것이다.

다섯째, 마음에 귀속되는 내면의 향기(內香)가 소멸하는 외적 현상은 코가 향기의 좋고 나쁨을 전혀 맡지 못하는 것이다.

이들 다섯 원소들이 은멸하는 내적 현상은 밤하늘에 반짝이는 반딧불과 같고, 굴뚝에서 뭉글뭉글 솟아나는 연기 속에 박혀 있는 빨간 불티와 같으며, 솥 뒤편의 그을음에서 빨간 불티가 튀어 오르는 것과 같은 현상이 의식 가운데 일어나는 것이다.

궁굴림의 쌓임에 속하는 다섯 원소들의 은멸

그 뒤 궁굴림의 쌓임인 행온行蘊의 부류에 속하는 다섯 원소들의 은멸이 동시에 일어난다.

첫째, 궁굴림의 쌓임(行蘊)이 소멸하는 외적 현상은 몸의 행위인 움직임 등이 멈추는 것이다.

둘째, 기본의 성소작지成所作智는 세간의 바깥일과 필요한 일들을 기억하는 지혜를 말한다. 이것이 소멸하는 외적 현상은 바깥일과 필요한 일들을 전혀 기억하지 못하는 것이다.

셋째, 바람 원소(風大)가 소멸하는 외적 현상은 〔직접 생명을 유지하는〕 지명풍持命風을 비롯한 몸 안의 열 가지 바람(十風)이 각자의 위치에서 심장으로 이동하고, 호흡이 끊어짐이다.

넷째, 혀 감관(舌根)이 소멸하는 외적 현상은 혀가 부풀고 오므라들며, 혀뿌리가 시퍼렇게 변하는 것이다.

다섯째, 마음에 귀속되는 내미內味가 소멸하는 외적 현상은 6가지 맛을 전혀 알지 못하는 것이다. 또한 이때 몸 감관(身根)과 촉감이 함께 소멸하게 되며, 이것이 소멸하는 외적 현상은 거칠고 미세한 감각을 전혀 느끼지 못하는 것이다.

이들 다섯 원소들이 은멸하는 내적 현상은 촛불의 타오름과 같은, 마치 촛불이 꺼지려 할 때 불꽃의 떨림과 같은 현상이 의식 가운데 일어나는 것이다.

의식의 쌓임에 속하는 다섯 원소들의 은멸

이들 4가지 원소들이 소멸한 다음에는, 〔범속한 마음에 해당하는〕 80자성八十自性의 분별의 마음과 〔성냄에서 비롯된〕 33자성의 밝은 마음인 현명顯明과 〔탐욕에서 비롯된〕 40자성의 한층 밝은 마음인 증휘增輝와 〔무지에서 비롯된〕 7자성의 정광명에 가까운 마음인 근득近得과

〔원초의 빛인〕죽음의 정광명淨光明이 모여진 의식의 쌓임이라 부르는 식온識蘊의 다섯 부류의 마음들이 차례로 나타난다."[21]

이상의 내용을 표로 정리하면 아래와 같다.(도표 3)

	외적 현상	내적 현상
색온 은멸	①몸의 지분들이 줄어들고 쇠잔해지며, 근력이 없어짐. ②눈의 초점이 풀리고 흐릿해짐. ③몸이 건조해지고 몸의 지분들이 풀어지며 몸이 땅 밑으로 가라앉는 느낌이 일어남. ④눈을 감거나 뜨지 못함. ⑤몸의 광택이 죽고 기력이 고갈됨.	아지랑이
수온 은멸	①근식根識에 수반하는 괴로움(苦)과 즐거움(樂)과 비고비락非苦悲樂의 느낌을 신식身識이 깨닫지 못함. ②괴로움, 즐거움, 비고비락의 느낌을 기억하지 못함. ③침, 땀, 소변, 피, 정액들이 대부분 말라버림. ④안과 바깥의 소리를 듣지 못함. ⑤귀 안에서 일어나는 웅- 하는 소리를 듣지 못함.	연기가 솟아 나옴. 푸른 연기가 피어오름
상온 은멸	①부모, 친족 등의 의미를 기억하지 못함. ②부모를 비롯한 친족들의 이름을 기억하지 못함. ③몸의 열기가 식어 음식물을 소화하는 힘이 없어짐. ④코로 공기를 들이마심이 약해지고 배출은 거칠고 길어져 숨이 쌓임. ⑤코가 향기의 좋고 나쁨을 전혀 맡지 못함.	반딧불 빨간 불티가 튀어 오름

21   『밀교의 성불원리』, pp.88~107 일부 인용, 중암 역저, 정우서적.

행온 은멸	① 몸의 행위인 움직임 등이 멈춤. ② 바깥일과 필요한 일들을 전혀 기억하지 못함. ③ 호흡이 끊어짐. ④ 혀가 부풀고 오므라들며 혀뿌리가 시퍼렇게 변함. ⑤ 6가지 맛을 전혀 알지 못함.	촛불의 타오름
식온 은멸	① 80자성八十自性의 분별의 마음. ② 33자성의 밝은 마음-현명(白光). ③ 40자성의 한층 밝은 마음-현명증휘(赤光). ④ 7자성의 정광명에 가까운 마음-현명근득(黑光). ⑤ 죽음의 정광명(淨光明)-투명한 빛.	촛불의 타오름 白光 赤光 黑光 투명한 빛

정광명淨光明의 단계를 지난 망자亡者는 중음(中陰, 티베트어로 바르도)상태에서 아래의 과정을 거쳐 의생신意生身을 성취한다.

"그 죽음의 정광명의 마음이 전혀 움직임이 없이 그렇게 얼마동안 머문 끝에, 자기 내부에서 움찔하는 충격에 의해서 가벼운 움직임이 일어난다. 이것이 발생하는 때가 죽음의 정광명에서 일어나기 시작한 것이며, 그 사이 극도로 미세한 풍심風心이 심장 속의 [생명의 거점인 불괴명점不壞明點 가운데 있는] 하얀 보리심(白精)과 붉은 보리심(赤精)이 분리된 작은 틈새로부터 밖으로 멀리 뛰쳐나온 뒤, 옛 몸을 버리고 바르도의 의생신을 성취한다."[22]

---

22 『밀교의 성불원리』, p.155, 중암 역저, 정우서적.

다시 정리하면, 임종자는 색온(지대) → 수온(수대) → 상온(화대) → 행온(풍대) → 식온(공대) → 현명(白光) → 현명증휘(赤光) → 현명근득(黑光) → 정광명(투명한 빛) → 의생신 성취의 단계를 거쳐간다.

여기서 우리는 「몽산화상시총상인」에서 말한 '의생신'이 죽음의 과정에도 나오는 것을 알 수 있다. 그런데 『몽산법어』에서 말하는 의생신은 살아생전에, 자신의 의지로 수행한 결과로 이루어지는 의생신이며, 이 점은 앞에서 이미 말했듯이, 빨리어 경전 『싸만냐팔라경(Samannaphalasutta)』에도 나온다.

다만 차이점은 수행이 없이 죽은 망자는 평소에 수행을 통해 자신의 업業을 정화하지 못해서, 중음상태에서 새 몸을 받기 전인 49일간, 자신의 업의 경중輕重에 따라 중음상태의 환영과 망상으로 가볍고 무거운 고통을 받고, 수행으로 자신의 의생신을 정화하지 못했기 때문에 49일 뒤에 다시 태어나는 과보를 받아 육도(六途; 지옥, 아귀, 축생, 아수라, 인간, 천상)에 윤회하게 된다.

이 과정이 『티베트 사자의 서』에는 자세하게 나오는데, 망자가 죽은 후에 중음상태에서 환영과 망상에 현혹되어 다시 태어난다는 내용으로, 『능가경』에서는 다음과 같이 간략히 이야기한다.

❀

"藏識捨於身하고 意乃求諸趣하여 識述似境界하면 見已
而貪取라"

"장식(藏識, 제8아뢰야식)은 몸을 버리고, 의(意, 제7말나
식)는 제취(諸趣, 육도윤회)를 구하여, 식識이 서술하는 경
계, 보고는 탐착하네."[23]

『티베트 사자의 서』에는 망자亡者가 다음 생을 받게 되는
과정을 매우 상세하게 기술하고 있는데, 다음은 그 일부이다.

"오! 고귀한 가문의 자손이시여! (망자의 이름을 부름)
귀담아 잘 듣도록 하십시오! 앞에서 그만큼 많은 가르침
들을 일러주었지만 그대는 그것을 이해하지 못하였습니
다. 이제 자궁의 문을 막지 못하면 어쩔 수 없이 육도세계
의 몸을 받아야 하는 때가 도래하였습니다.
자궁의 문을 선택하는 심오하고 올바른 가르침이 하나
만이 아니라 여러 가지가 있습니다. 그것을 잘 기억하도
록 하십시오! 산란함을 버리십시오! 강렬한 염원으로 잘
경청한 뒤 마음에 간직토록 하십시오!

---

23 대정장大正藏 권16, 大乘入楞伽經 卷第六 偈頌品 第十之初

오, 고귀한 가문의 자손이시여! 이제 그대가 태어나게 되는 곳의 상징과 표시가 나타나게 됩니다. 그것을 잘 이해하도록 하십시오!

어느 곳에 태어나게 되는가를 잘 관찰한 뒤 그것을 선택토록 하십시오!

만약 천상에 태어나게 되면, 갖가지 보석으로 건립된 아름다운 높은 신전을 보게 됩니다. 그곳은 들어가도 좋으니 원하면 들어가도록 하십시오! 만약 아수라로 태어나게 되면, 아름다운 숲이나 빙글빙글 도는 불 바퀴와 같은 것을 보게 됩니다. 그곳에는 절대 들어가지 않도록 돌아올 것을 기억하십시오! 만약 축생으로 태어나게 되면, 동굴과 개미구멍과 초막들이 엷은 안개에 싸여 있는 것을 보게 됩니다.

그곳에는 절대로 들어가서는 안 됩니다! 만약 아귀로 태어나게 되면, [검게 그을린] 나무토막과 검고 긴 물건, 깊고 음산한 막다른 골짜기와 흔들거리는 검은 물체들을 보게 됩니다. 그곳에 들어가면 아귀로 태어나 배고픔과 갈증 등의 온갖 고통들을 받게 됩니다.

그곳에 절대 들어가지 않도록 돌아올 것을 기억하십시오! 전력을 다해야 합니다. 만약 지옥에 태어나게 되면,

악업에 의해서 노랫소리를 듣거나, 어쩔 수 없이 끌려들어 가거나, 또는 암흑의 땅과 검은 집, 붉은 집과 검은 흙구덩이, 시꺼먼 길 등으로 들어가는 광경이 나타납니다. 그곳에 들어가면 지옥에 태어나게 됩니다.

정녕 참지 못할 처절한 한열이 고통들을 벗어날 기약도 없이 받게 됩니다. 그 속으로 절대 들어가서는 안 됩니다! 신중에 신중을 다해야 합니다. 자궁의 문을 막고 돌아올 것을 기억토록 하십시오!

지금 이것이 절대로 필요합니다.

오, 고귀한 가문의 자손이시여! 비록 그대가 가지 않기를 원해도 어쩔 수가 없습니다. 뒤에서는 업력에서 생긴 살인자들이 쫓아오기 때문에 꼼짝 없이 가게 됩니다. 앞에서는 살인자와 망나니가 끌고 가서 따라가지 않을 수가 없습니다. 또한 짙은 암흑과 붉은 모래바람, 고함소리와 진눈깨비, 거친 우박과 사나운 비바람에 쫓기고 도망치는 광경이 그대에게 나타납니다. 그것을 두려워한 나머지 피할 곳을 찾게 됩니다. 그래서 앞에서 말한 아름다운 집 또는 바위굴, 흙구덩이와 숲속, 연꽃 등의 둥근 구멍 속으로 들어가 안도의 숨을 쉬게 됩니다.

그곳에 숨어서 밖으로 나옴을 무서워하여, '지금 여기서 밖으로 나가는 것은 옳지 않다'고 생각하게 됩니다. 그래서 그곳을 떠나는 것을 두려워하여 크게 집착하게 됩니다. 바깥에 나가게 되면 바르도의 공포들과 만나게 됨을 우려하고, 그것들을 두려워하고 무서워한 나머지 그 안에 꼭꼭 숨게 됩니다. 그래서 가장 비천한 몸을 얻은 뒤에 온갖 처참한 고통들을 받게 됩니다. 이것은 비천한 사귀들이 그대에게 마장을 일으키는 표시입니다. 이때를 위한 심오한 가르침이 있습니다. 그대는 잘 경청하여 마음에 간직토록 하십시오!"[24]

백장 스님[25]의 『백장록百丈錄』에도 임종자가 죽음을 맞이하면서 겪는 고통, 환영과 환상에 대해 위와 유사한 내용이 있어 소개한다.

---

24 『티베트 사자의 서』, pp.414~418, 중암 역주, 정우서적.

25 백장 스님(百丈懷海, 749~814): 휘諱는 회해懷海이며, 복주福州 장락長樂 사람이다. 성은 왕씨王氏로 어린 나이에 세속을 떠나 삼학三學을 두루 닦았다. 그때 대적(大寂, 709~788, 馬祖 스님의 호) 스님이 강서江西에서 널리 교화를 펴고 있었으므로 찾아가 마음을 쏟아 의지하였는데, 서당지장(西堂智藏, 735~814), 남전보원(南泉普願, 748~834) 스님과 함께 나란히 깨친 분이라고 이름났다.

❀

"老苦及身하면 悲愛纏綿하여 眼中流淚하고 心裏悼惶하여 一無所據하고 不知去處라 到恁時節하여 整理手脚不得也하니 縱有福智名聞利養도 都不相救하니라 爲心慧未開하여 唯念諸境하니 不知返照하여 復不見佛道하고 一生所有善惡業緣이 皆悉現前하니라 惑忻惑怖한 六道五陰이 俱時現前한다 盡敷嚴好한 舍宅舟船車轝光明顯赫하니 皆從自心貪愛所現함이다 一切惡境은 皆悉變成殊勝之境한데 但隨貪愛重處하여 業識所引이라 隨著受生하니 都無自由分하여 龍畜良賤이 都總未定이라"

"늙음과 고통이 몸에 미치면 슬픔과 애착에 얽혀서 눈에는 눈물이 흐르고 마음속은 무서워서 하나도 의지할 곳이 없고 갈 곳을 알지 못한다. 이런 때에 이르러서는 손과 발을 가지런히 할 수도 없고 설령 복과 지혜, 명예와 이득이 있다 하더라도 전혀 구제하지 못한다. 마음의 지혜가 열리지 않았기 때문에 모든 경계를 오직 생각할 뿐이고 돌이켜 비추어 볼 줄은 몰라서 다시는 부처님의 도를 보지 못하고 일생의 모든 선악의 업연이 다 앞에 나타난다. 혹은 좋거나 혹은 두려운 6도六道와 5음五陰이 동시에 앞에 나타난다. 다 펼쳐지는 장엄하게 좋은 집, 선박, 수레,

가마 등 빛이 찬란하니 모두 자신의 마음에서 탐내고 애착했던 것이 나타난 것이다. 일체의 나쁜 경계는 모두 다 수승한 경계로 변하는데, 다만 탐욕과 애착이 무거운 곳을 따라 업식이 이끄는 것이라, 애착을 따라서 생을 받는데, 자유로운 분수는 전혀 없어 용, 축생, 양민, 천민 등 모두 정해진 곳이 없다."

　현재 한국의 많은 불자들과 심지어는 스님들조차도 윤회를 부정하는 사람들이 많아 위의 내용을 보고 의구심을 가지기도 할 것이다. 그래서 한 불교학자의 글을 일부 인용하니, 잘 읽고서 사유해 보자.

　"이렇게 합리적이고, 과학적 종교인 불교임에도, 현재 그 교리 가운데 문제가 되고 있는 것은 윤회와 환생의 가르침이다. 물론 윤회와 환생은 불교뿐만 아니라 인도에서 발생한 대부분의 종교에서 전제로 삼고 있는 세계관이다. 다른 종교에서는 윤회를 말하지 않는데, 유독 인도에서 발생한 종교에서는 윤회를 사실로 간주한다. 궁창穹蒼 위에 있을 기독교 하늘나라의 신화가 허구이듯이, 윤회의 가르침 역시 불교, 더 나아가 인도종교에서 구성해 낸 신화에 불과한 것일까?

현대의 전문적 불교학자 가운데에도 윤회를 부정하는 사람들이 많이 있다.

비판불교(Critical Buddhism) 운동을 일으켰던 일본 고마자와 대학의 마츠모토 시로 교수는 고려대장경연구소 주최의 학술대회에서 윤회를 부정한 바 있고, 선禪에 대해 심도 있게 연구한 바 있는 우리나라의 고형곤 박사 역시 수 년 전 TV대담에서 정색을 하며 윤회를 부정한 바 있다. 이들이 불교 연구가이긴 하지만, 그 개인의 세계관은 육사외도 가운데 유물론자인 짜르와까의 수준을 넘지 못했다고 평할 수 있다.

그러나 단도직입적으로 말해 윤회가 부정된다면 불전의 수많은 가르침들이 무용지물이 되어 버리고, 불교의 종교적 목표인 열반도 무의미해지고 만다. 초기불전인 아함경이나 니까야, 율장의 가르침 대부분이 윤회와 관계된 것이며, 불교 수행자가 지향하는 열반이란 '더 이상 윤회하지 않는 것'을 의미하기 때문이다. 해탈한 아라한에게는 자신이 해탈했다는 자의식이 생기는데 이를 해탈지견解脫智見이라고 부르며, 다음과 같은 정형구로 표현된다.

나의 삶은 이제 다 끝났다.

고결한 삶도 완성되었고

할 일을 다 이루었으니

앞으로 다시 태어나지 않을 것을 나 스스로 아노라.

〔我生已盡 梵行已立 所作已作 自知不受後有.(대정장2,
p.1a)〕

만일 윤회가 거짓이라면, 다시 말해 우리가 죽은 후 완전
히 사라지는 것이라면 불교 수행자가 탐욕과 분노와 교
만을 제거하기 위해 고결하게 살려고 노력할 필요도 없
을 것이다.

이렇게 윤회가 부정되면 불교 전체가 무너짐에도 불구
하고 현대의 많은 불교인들이 윤회의 사실성을 의심하
는 것은 무엇 때문일까? 티베트나 몽고의 불교인들은 윤
회에 대한 확신을 갖고 살아가는데, 한국이나 일본의 불
교인들이, 같은 불교권임에도 불구하고 윤회에 대한 확
신을 갖지 못하는 이유는 무엇일까? 그 원인은 아이러니
컬하게도 '현대불교학'에 있다고 생각된다.

합리주의와 과학주의의 기치를 걸고 문헌학을 도구로
삼아 서구인들에 의해 시작된 현대의 '인문학적 불교학'
이 전 세계 불교연구의 주류를 이루는 과정에서, 서구인
들의 세계관과 부합되지 않는 윤회의 가르침은 하나 둘

폐기되었고 불교의 신앙성은 말살되고 말았다.

예를 들어, 아비달마 논서는 물론이고 초기불전 도처에서는 십이연기설을 소위 '귀신'인 중음신中陰身의 수태受胎 및 윤회와 연관시켜 설명하는데〔이를 태생학적 연기설이라고 부른다〕 서구의 불교학 연구자들은 이를 후대에 조작된 교리라고 비판하며 폐기시킨다. 인문학적 불교학에서는 합리적이고 철학적이고 논리적인 가르침만을 부처님의 근본 가르침으로 간주하려 한다. 오관에 의해 감각되지 않거나 신비스러운 가르침, 자신들의 종교관과 부합되지 않는 가르침은 무시하거나 비판하며 폐기시킨다. 그 결과 급기야 그들의 연구물에 의지하여 신행 생활을 하는 불교인들조차 불교의 핵심 교리인 윤회에 대해서조차, '긴가, 민가?' 하고 의심하는 지경에 이른 것이다.

그러나 윤회를 과학적으로 검증하지 못한다고 해서 윤회의 사실성이 부정되는 것은 아니다. 윤회를 부정하는 것 역시 또 다른 믿음일 뿐이다.

윤회는 어떻게 증명되는가?

지금 여기서는 윤회가 문제가 되어 그에 대해 왈가왈부하고 있지만, 불전에 부처님께서 윤회를 증명하려고 애를 쓰신 흔적은 없다. 이는 윤회의 세계관이 불교 교리와 무관하기 때문이 아니라, 모든 생명체가 윤회한다는 것이 너무나 당연한 사실이었기 때문이다.

석가모니 부처님의 깨달음은 열반의 깨달음이기도 하지만, 윤회의 깨달음이기도 하다. 열반의 깨달음이 궁극적 깨달음이긴 하지만 이는 그 이전에 윤회를 깨달았기에 가능했다. 『사분율』(대정장 22, p.781b)과 『잡아함경』(대정장 2, p.223b 등)을 위시한 초기불전 도처에서는, '숙명통宿命通, 천안통天眼通, 누진통漏盡通'이라는 세 단계의 신통력이 열리면서 석가모니 부처님이 정각을 이루었다고 설명한다.

이런 세 가지 신통력을 삼명三明이라고 부르는데, 이 가운데 숙명통이란 '자신의 전생을 모두 하나하나 기억해내는 신통력'이고, 천안통이란 '다른 생명체들의 전생과 현생, 현생과 내생의 윤회를 모두 기억하거나 추측하는 신통력'이며, 누진통이란 '모든 번뇌가 사라지는 신통력'이다.

흔히 우리가 깨달음이라고 부르는 '유여의열반有餘依涅槃'은 이 중 누진통에 해당하는데, 여기서 보듯이 이런 누진통 이전에 자신을 포함하여 모든 생명체의 윤회하는 모습에 대한 깨달음이 선행한다.

이 과정에서 석가모니 부처님은, 넓게는 연기의 법칙, 좁게는 십이연기의 법칙, 더 좁게는 인과응보의 법칙을 발견하였던 것이다. 자신의 무수한 전생도 이런 연기의 법칙에 의해 영위되어 왔고(숙명통), 다른 모든 생명체의 무수한 전생은 물론이고 그들의 내생 역시 연기의 법칙의 지배를 받을 것이기에 이는 우주와 생명을 지배하는 유일무이의 보편적 법칙이며(천안통), 궁극적 행복은 이런 연기의 세계, 윤회의 세계에서 살아가는 것이 아니라 모든 번뇌가 사라진 '열반'을 얻는 일이다(누진통).

여기서 보듯이 성도의 과정은 '윤회에 대한 직관'과 '열반의 체득'의 두 단계로 다시 정리될 수 있는데, 이 중 전자에 해당하는 것이 '숙명통과 천안통'이며, 후자에 해당하는 것이 '누진통'인 것이다. 윤회의 교리는 불교 발생 당시 열반과 함께 불교의 중추를 이루는 중요한 교리였던 것이다.

그러면 이렇게 불교의 중추적 교리인 윤회의 사실성을 어떻게 증명할 수 있을까? 윤회의 사실성을 입증하는 가장 비근한 예가 티베트 불교일 것이다. 티베트의 종교적, 정치적 수장인 제14대 달라이 라마의 중국 탈출기를 그린 영화 「쿤둔」에는, 어린 달라이 라마가 갑자기 '내 틀니!'라고 외치며 작은 방으로 뛰어 들어가 틀니를 찾아내는 장면이 나온다. 일반 관객들은 그 사건의 의미를 놓치기 쉽다.

달라이 라마의 전기를 보면 그 장면이 '어린 달라이 라마가 갑자기 자신의 전생을 기억하며 자신이 전생에 쓰던 틀니를 찾아내었던 일화'를 그린 것임을 알 수 있다. 티베트에서는 비단 달라이 라마뿐만 아니라, 모든 종파의 수많은 종교지도자들이 환생을 통해 다시 각 종단이나 사찰의 종교지도자로 양육된다. 이 외에도 윤회를 증명하는 사례는 무수히 많다.

자신의 전생을 기억할 수 있었고, 그 제자들에게도 전생회상법을 수련시켰다는 고대 그리스의 철학자 피타고라스, 세계 각국의 민담 속에 전해오는 수많은 환생 이야기, 최면술을 통해 자신의 전생을 회상케 하는 것, 전생직관을 통해 수많은 환자를 치료했다는 미국인 에드가 케이시, 전 세계에 퍼져 있는 윤회의 사례를 수집하여 이를 증명했던 영국의 심리학자 스티븐슨 등등. 또 앞에서 설명했던 석가모니 부처님의 성도 과정에서 보듯이 불전에서는 색계 제4선의 경지가 되면 누구나 전생을 기억해 낼 수 있다고 가르친다.

제4선은 들숨과 날숨의 흐름조차 정지할 정도로 마음이 고요해진 상태이다. 그런데 윤회를 예증하는 상기한 사례들은 모두 남들의 얘기일 뿐이며, 자신과 남들의 전생을 기억하고 직관할 수 있다고 하는 제4선은 아무나 오를 수 있는 경지가 아니다. 지금 여기서 우리에게 가능한 것은 윤회에 대한 논리적 증명뿐이다.

앞에서 말했듯이 불전에서는 윤회를 당연한 사실로 간주하기에 굳이 논증하려 하지 않는다. 그러나 과학주의와 합리주의를 신봉하는 현대인들을 설득하는 데에는 논증이 가장 효과적일 것이다. 윤회를 논증하는 데 다음과 같은 삼단논법을 사용할 수는 없다.

주장: 모든 생명체는 윤회한다.
이유: 식識을 갖고 있기 때문에
실례: 마치 달라이 라마와 같이

이 추론식이 타당하기 위해서는 '식識을 갖고 있는 것은 윤회한다'는 주연관계(周延關係: vy pti)가 보편타당한 진리여야 한다. 그러나 이 역시 다시 증명을 요하는 명제일 뿐이다. 이와 같은 추론식을 소증상사(所證相似, s dhya sama; '다시 증명되어야 한다(소증)는 점에서 마찬가지다(상사)'라는 의미)의 오류를 범하는 논증식이라고 부른다.

그러면 어떻게 윤회를 논증할 것인가? 그럴 듯한 방법 가운데 하나로 다음과 같은 유비추리類比推理를 들 수 있다;

'모든 것은 순환한다. 봄이 가면 여름이 오고 여름이 오면 가을이 오며 가을이 가면 겨울이 온다. 그리고 겨울이 가면 다시 봄이 온다. 밤이 깊어 어두워지면 다시 여명의 새벽이 온다. 숨을 내쉰 후에는 다시 들이쉬게 된다. 들이쉰 후에는 다시 내쉬게 된다. 이와 마찬가지로 생명체가 탄생하여 늙고 병들어 죽은 후에는 다시 탄생할 것이다. 이 세상에 단절은 없기 때문이다.' 그러나 이런 설명도 윤회와 재생에 대한 확신을 주기에는 부족하다.

그러면 윤회를 논증하는 방법은 없는 것일까? 그렇지 않다. '인과응보의 법칙에 따라 무한히 재생한다'는 윤회의 사실성을 확신하게 해 주는 실마리는 바로 '연기緣起'의 자각에 있다. 연기란 간단히 말해 '얽혀서 발생함'을 의미한다. 세상만사는 얽혀서 발생한다. 홀로 발생하는 것은 없다.

가장 비근한 예로 내가 어떤 집을 방문했을 때 그 집이 무척 크다고 생각하는 경우, 그 집이 원래 커서 그런 생각이 떠오른 것이 아니라, 내가 염두에 둔 작은 집과 비교했기 때문에 그런 생각이 떠오른 것이다. 이때 존재의 세계 속으로, '염두에 둔 작은 집'과 '무척 큰 집'이라는 생각이 함께 들어온다. 연기하는 것이다. 내가 어떤 막대기를 보고 길다고 생각했을 때, 그 막대기의 길이가 원래 길어서 그런 생각이 떠오른 것이 아니다. 그보다 짧은 막대기를 염두에 두고서 그 막대기를 보니까 그에 대해 길다는 생각이 떠오르는 것이다. 그 막대기의 길이는 원래 짧지도 길지도 않다.

더 긴 막대기와 비교하면 짧게 생각되고, 더 짧은 막대기와 비교하면 길어진다. 어떤 짧은 막대를 생각 속에 떠올린 후 그와 비교하여 눈앞의 막대에 대해 '길다'는 판단을 내릴 경우, 존재의 세계 속으로 '생각 속에 떠올렸던 짧음'과 '눈앞에 보인 긺'이 함께 들어온다. 그 어떤 것도 홀로 나타나지 않는다. 언제나 한 쌍 이상의 사태(fact)가 함께 나타난다. 고기孤起하는 것은 없고 모든 것은 연기緣起한다. 모든 것은 대조와 비교, 관계를 통해 나타난다. '나의 눈'이 존재하려면 '시각대상'이 존재해야 하고, '비'가 존재하려면 '내림'이 존재해야 한다. '소'가 존재하기 위해서는 '소 아닌 것'이 존재해야 하고 '컵'이라는 생각을 떠올리기 위해서는 '컵 아닌 것'을 염두에 두어야 한다. 이렇게 모든 것이 연기적으로 존재한다는 것은 틀림없는 사실이다. 우리가 눈을 훤히 뜨고 있는 바로 이 자리에서 확인되는 사실이다.

그러면 연기에 대한 이상과 같은 조망에 근거하여 논의를 더 진전시켜 보자. 나는 이 세상을 살면서 온갖 괴로움과 즐거움을 체험한다. 어떤 때는 하루하루가 무척 괴로운 적도 있었고, 어떤 때는 하루하루가 무척 즐거운 적도 있었다. 이러한 내 일생의 길흉화복의 변화에 빗대어 남의 삶을 조망할 경우, 현재의 나보다 행복하게 살아가는 사람도 있고 나보다 불행하게 살아가는 사람도 있음을 알게 된다. 시선을 다른 생명체로 돌려 보자. 짐승의 삶은 우리 인간의 삶보다 훨씬 불행하다.

매일매일 먹을 것을 찾아 헤매야 하는 짐승들은 지극히 가난하다. 조금만 게으르던지, 힘이 약해지면 음식을 구하지 못하고 굶어죽고 만다. 또, 매 순간 약육강식의 공포에 떨며 사는 것이 짐승의 삶이다. 단 한시도 마음을 놓지 못한다. 조금만 방심하면 자신보다 힘이 센 짐승에게 잡아먹힌다. 이렇듯이 인간계 내에서도 행복과 불행의 정도가 다양하지만, 다른 생명체까지 포함시켜 조망할 경우 행복과 불행의 정도는 개개의 생명체에 따라 천차만별임을 알 수 있다.

그러면 이런 행복과 고통의 차별은 어째서 존재하는 것일까? 앞에서 큰 집과 작은 집, 긴 것과 짧은 것 등의 예에서 보았듯이 세상만사는 모두 연기적으로 존재하는 것이기에 행복과 고통 역시 홀로 존재하는 것이 아니다. 남에게 고통을 주는 악업을 지을 경우, 그와 벡터Vector가 반대인 내가 느낄 고통이 함께 발생해야 한다. 남에게 행복을 주는 선업을 지을 경우, 그와 벡터가 반대인 내가 느낄 행복이 함께 발생해야 한다. 그러나 내가 느낄 고통과 행복은 내가 그러한 선악의 업을 짓는 순간과 동시에 발생하지 않고 시간이 경과하여 무르익은 다음에 나에게 체험된다. 사물의 세계에서는 '긴 것과 짧은 것'과 같은 연기하는 대립 쌍이 동시에 발생하지만, 마음의 세계에서는 '남이 느낄 고락'과 벡터가 반대인 '내가 느낄 고락'이라는 연기적인 대립 쌍이 존재의 세계에 시간을 달리하여 나타나는 것이다.

이를 불교전문용어로 '이숙(異熟: vip ka)'이라고 한다. '다르게 익음'이라는 뜻이다. 내가 남에게 지은 선악의 업을 '이숙인異熟因'이라고 부르고, 시간이 경과한 후 미래에 언젠가 그로 인해 내가 받을 고락의 과보를 '이숙과異熟果'라고 부른다. 나의 입장에서 볼 때, 내가 지은 인因은 선善이나 악惡인데 그로 인해 내가 받게 될 과果는 고苦나 낙樂이다. 가치론적으로 볼 때 인因은 선성善性이나 악성惡性이었는데 그것이 과果에서는 선도 악도 아닌 무기성無記性의 고락으로 성질이 달라졌기에 이(異: vi)인 것이고, 인因을 지은 이후 시간이 경과하여 그것이 무르익은 후 과果가 나타나기에 숙(熟: p ka)인 것이다.

긴 것과 짧은 것 등과 같은 사물의 연기적 성격에 대해 철저히 자각할 경우, 우리는 우리의 일거수일투족이 반드시 그에 부응하는 결과를 초래한다는 점을 확신할 수 있게 된다. 더 나아가 우리가 평생 살아가며 지은 갖가지 업들이, 우리의 죽음과 함께 사라지는 것이 아니라, 그 연기적 대립 쌍인 과보를 받기 위해 또 다른 내생의 삶을 초래한다는 점 역시 확신할 수 있게 된다. 악행을 했던 나를 내가 처벌하고 선행을 했던 나에게 내가 상을 주기 위해서 죽음 후의 나에게 내생이 다시 전개되는 것이다. '자업자득의 법칙'은 이렇게 나의 마음이 주관한다.

윤회는 어디서 어떻게 진행되는가?

위에서 연기설에 입각해 윤회를 논증해 보았지만, 인도 내에서 윤회는 불교에서만 인정되는 교의가 아니었다. 유물론자를 제외한 인도 내 모든 종파에서 윤회를 인정하며 그에 근거하여 자신들의 교리를 전개하였다. 인도 내의 다른 모든 종파와 불교의 차이점은 윤회의 인정 여부에 있었던 것이 아니라 윤회에 대한 해석의 차이에 있었다.

다른 종파에서는 변치 않는 아뜨만atman이 존재해서 그것이 주체가 되어 윤회한다고 본 반면, 불교에서는 그러한 아뜨만은 존재하지 않는다는 무아설을 제시하며 그에 근거하여 윤회를 설명하였다. 다른 종파에서는 윤회에서 벗어나는 갖가지 방법과 윤회에서 벗어난 갖가지 상태를 주장하였으나 불교에서는 삼계설三界說을 통해 다른 종파에서 주장하는 그런 갖가지 상태를 윤회 내의 경지일 뿐이라고 격하시켰다."[26]

죽음 이후에 육도에 환생하는 것을 한국의 많은 불교신자들이 잘 믿지 않고, 특히 참선 수행하는 수행자들은 단지 육도윤회가 비유적인 것이라고 말하기도 하지만, 초기 경전의 부처님의 말씀을 보면, 부처님께서는 이것을 단순한 비유라든가, 착하게 살라는 교훈을 주기 위해 한 말씀이 아니라, 부처님 자신께서 수행의 결과인 숙명통으로 직접 생생하게 본 모습이라고 말한다. 아래의 내용을 보면 "나는 이 모든 사실들을 보았기 때문에 미소 지었다."라고, 부처님께서 보았다고 분명히 말씀하신 부분이 있다.

한때 세존께서 라자가하(王舍城, Rājgaha)로 탁발을 나가셨습니다. 세존께서는 한 어린 암퇘지를 보시고는 미소

---

26 「윤회는 사실인가, 믿음인가?」, 김성철, 『불교평론(The Buddhist Review)』 20호.

를 지으셨습니다. 부처님의 치아 앞으로 하얀 광명이 내비치는 것을 본 아난다Ānanda 존자는 부처님께서 미소 지으셨음을 알았습니다. 그래서 아난다 존자는 이렇게 여쭈었습니다.

"세존이시여, 무엇 때문에 미소를 지으십니까?"

세존께서는 어린 암퇘지를 가리키며 말씀하셨습니다.

"저 어린 암퇘지가 보이느냐? 저 암퇘지는 까꾸산다 부처님(拘留孫佛)[27]의 교법이 행해지고 있을 때 인간세계에서 한 젊은 여인이었다. 그녀는 죽어서 한 승원의 급식소 근처에 사는 암탉으로 재생했다. 그 후 그 작은 암탉은 독수리에게 희생되었다. 하지만 암탉은 바로 그 직전 명상 주제를 쥔 비구 수행자가 읊조린 게송을 우연히 듣고 선한 마음을 일으켰다. 이러한 공덕의 과보로 그 작은 암탉은 왕가의 움바리Ubbarī라는 왕녀로 재생하게 되었다.

움바리 왕녀는 나중에 가정을 떠나 떠돌이 수행자(流行者)가 되었다. 떠돌이 수행자들의 거처에 머물던 그녀는 어느 날 우연히 변소의 구더기들을 응시하게 되었다. 그 벌레들은 벌레가 들끓는 시체의 혐오스러움에 대한 관

---

27 까꾸산다 부처님(拘留孫佛, Kakusanda Buddha)은 현겁賢劫에 출현한 과거칠불過去七佛 가운데 한 분이다.

찰이나 흰 대상에 대한 관찰이라는 명상의 대상이 되어 주었고 그에 힘입어 초선初禪을 얻을 수 있었다. 그리고 그녀는 죽어서 초선천初禪天의 범천으로 재생하였다. 범천계에서 목숨이 다하고서 인간계의 부유한 사람의 딸이 되었다가 마지막에는 지금의 돼지로 태어났다. 나는 이 모든 사실들을 보았기 때문에 미소 지은 것이다."

이 다양한 존재로 반복되는 재생의 이야기를 들은 아난다 존자와 다른 비구들은 크게 놀랐고 종교적인 감동에 몸을 떨었습니다. 세존께서는 탁발을 잠시 멈추시고 길에 서신 채 여섯 개의 게송으로 된 법을 설하시기 시작했습니다. 첫 번째 게송은 다음과 같습니다.

Yathapi mule anupaddove dalhe,
chinnopi rukho punareva rūhati
evaṃpi taṇhānusaye anuhate
nibbattati dukkhamidam punappunaṃ

그 뿌리가 손상되지 않고 굳건하면
잘린 나무라도 다시 자라나듯
갈애의 잠재성향이 뽑히지 않는 한
이 괴로움은 계속해서 생겨난다. (Dhp.338)

이 게송이 전하는 의미는 다음과 같습니다. 웁바리 왕녀
였을 때 그녀는 세상을 버리고 떠돌이 수행자가 되었습
니다. 명상을 닦아서 그녀는 억압에 의한 버림(vikkham-
bhana-pahāna)[28]을 통해 중간 단계의 번뇌(pariyutthana-
kilesa), 즉 마노의 문(意門)에 관능적 생각으로 표출되는
감각적 욕망에 대한 갈애(慾愛)만을 몰아내거나 없앨 수
있는 초선初禪을 얻었습니다. 억압에 의한 버림으로 선
은 일정 시기에 일정한 한도까지만 번뇌를 몰아낼 수 있
습니다.

그래서 초선을 얻었을 때 그녀는 감각적 욕망에 대한 갈
애를 몰아낼 수 있었고 나중에 범천계로 갔습니다. 하지
만 그녀는 인간세계의 부유한 사람의 딸로 다시 태어났
고 감각적 욕망에 대한 갈애(慾愛)는 성스러운 도로 근절
되지 않았기 때문에 다시 일어났습니다. 물론 존재에 대
한 갈애(有愛)는 그녀가 초선을 얻었을 때에도 계속 남아

---

28 억압에 의한 버림(vikkhambhana-pahāna)이란 삼매(samādhi)의
힘으로 번뇌(kilesa)를 일시적으로 몰아내거나 제압하는 것이다.
『청정도론』(Vis.XXII.108)에 따르면 이 버림(pahāna)에는 세 가지
가 있다. 즉 ① 억압에 의한 버림(vikkhambhana-pahāna), ② 반대
되는 것으로 대체하여 버림(tadanga-pahāna), ③ 근절에 의한 버
림(samuccheda-pahāna)이 그것이다.

있었습니다. 그래서 잠재성향의 번뇌들이 완전히 근절되지 않았기 때문에 그녀는 범천계에서 인간세계로 내려왔다가 돼지가 된 것입니다. 갈애가 계속 남아 있는 한 이러한 식으로 재생은 여러 가지 존재로 끊임없이 일어납니다.

범천계에서 돼지의 존재로 내려온 이 이야기와 관련하여 옛 사야도들은 이러한 금언을 남겼습니다. '범천계에서 그녀는 밝게 빛났고 돼지우리에서도 그녀는 즐거워했다.' 그러나 범천계에서 곧바로 돼지나 다른 동물로 태어나거나 아귀계, 지옥으로 직행할 수는 없습니다. 이전에 근접 집중 수행(upacāra-bhāvanā)을 해서 이미 선정을 얻은 사람만이 사람이나 천상계에 재생할 수 있습니다. 앞서의 어린 암돼지는 부유한 사람의 딸로써 사람의 삶도 거쳤습니다. 그녀가 부유한 사람의 딸로 살다가 나중에 돼지의 존재로 떨어진 것은 사람으로 있을 때 마땅히 존경했어야 할 분들에게 오만방자한 태도를 보임으로써 지은 악업 때문이었음이 거의 분명합니다.

어린 암돼지는 죽어 일반적으로 미얀마의 따톤Thaton 지방으로 추정되는 수완나부미(金地國, Suvaṇṇabhūmi)[29]

---

29 학자들의 의견을 종합해보면 이 수완나부미는 대략 지금의 양

의 왕족으로 태어났습니다. 하지만 어떤 학자들은 불기 1500년경의 데와빨라Devapala 왕에 의해 만들어진 청동 비문을 근거로 수완나부미가 인도네시아의 수마뜨라섬 이라고 추정합니다.

수완나부미의 왕녀에서 그녀는 인도 바라나시Bārānasi 의 한 여자로 태어났습니다. 그리고 나서 뭄바이Mumbai 남동쪽의 와나와시Vanavāsi의 한 여자로 태어났습니다. 거기서 죽어서 뭄바이 북서쪽의 숫빠라까Suppāraka라 는 항구도시의 말 상인 딸로 다시 태어났습니다. 그 다 음엔 인도반도의 최남동부의 까위라Kāvīra 항구의 선 주의 딸로 태어났습니다. 이곳은 예전에 다밀라Damila 라고 불렸던 타밀 사람들이 거주하는 해안지방입니다. 그 삶을 다하고 그녀는 지금의 스리랑카 아누라다푸라 Anurādhapura의 정부관리 집안에 태어났습니다. 그녀의 다음 생은 아누라다푸라의 남쪽마을 복깐따Bhokkanta 의 수마나Sumana라고 하는 한 부유한 사람의 딸이었습 니다. 그녀는 아버지의 이름을 따서 수마나라고 불리웠 습니다. 나중에 그녀의 아버지는 마을을 떠나 디가와삐

곤, 따톤, 바간이 위치한 하부 미얀마에서 태국의 니콘파톰Nakon Pathom과 말레이반도 서해안을 아우르는 지역이라고 추정된다.

Dīghavāpi 지방의 마하무니Mahāmuni 마을에 정착하였습니다. 하루는 둣따가미니Duṭṭhagāmaṇi 왕의 장관인 라꾼다까 아띰바라Lakundaka Atimbara가 어떤 볼일이 있어 마하무니 마을을 우연히 방문하게 되었는데 묘령의 수마나 아가씨를 보고는 그만 한눈에 쏙 반해 버렸습니다. 장관은 그녀와 성대한 의식으로 결혼식을 치르고는 자기 마을 마하푼나로 그녀를 데려갔습니다.

따웅손Taungsun 승원에 머물던 마하 아누룻다Mahā-Anuruddha 존자가 탁발을 위해 그녀가 사는 마을을 우연히 찾아왔습니다. 존자가 수마나의 저택 문 앞에서 시주 음식을 기다리고 있는 동안 그녀를 보고는 비구도반들에게 이렇게 외쳤습니다.

"비구들이여, 이 얼마나 놀랍고 경이로운 일이요! 세존 당시의 그 어린 암퇘지가 이제 라꾼다까 아띰바라 장관의 부인이 되어 있구료!"

이 감탄의 말을 들은 장관의 부인 수마나에게 태어남을 기억하는 지혜(jātissara-ñāṇa)[30]가 생겼습니다. 이 지혜로 그녀는 자신이 살아온 전생들을 기억해낼 수 있었습니다. 그 결과 그녀는 윤회의 바퀴에서 계속해서 태어난다

---

30 숙명통宿命通, 즉 전생을 기억하는 신통을 말한다.

는 생각에 대한 두려움으로 몸을 떨었습니다. 장관인 남편에게 허락을 받고 그녀는 비구니 승원으로 가서 비구니가 되었습니다.

수계식 후 그녀는 띳사 대사원(Tissa-Mahāvihāra)에서 『염처경』을 들었습니다. 그 경의 말씀대로 사념처 수행을 닦아서 도과의 첫 번째 단계인 예류자(sotāpanna)가 되었습니다. 둣따가미니가 왕위에 올랐을 때 그녀는 고향마을 복깐따로 되돌아와서 깔라 대사원(Kalla-Mahāvihāra)에서 『독사경(毒蛇經, Āsīvisopama Sutta)』(S.197)을 듣고는 네 번째 과를 얻어 번뇌(漏, āsava)와 애욕에서 완전히 벗어난 아라한이 되었습니다.

수마나가 살아온 열두 생을 사려깊고 유심하게 살펴본다면 종교적인 감동이 일어날 것입니다. 까꾸산다 부처님 때의 젊은 여인이 죽었을 때 그녀는 가족과 재산과 자기 몸뚱어리를 남겨둔 채 떠났습니다. 유족과 친구들은 그녀의 죽음을 비통해 하였을 것입니다. 그리고 그녀는 암탉이 되었습니다. 사람이 암탉으로 재생한다는 게 얼마나 무시무시한 생각입니까! 그 암탉도 또한 가족과 친구들이 있었을 것입니다. 암탉은 독수리에게 붙잡혀 부리로 맹렬하게 쪼여져서 목이 잘리우는 참혹한 죽음을 맞이하였습니다. 하지만 명상에 대한 게송을 들은 공덕으로 그녀가 왕녀로 태어난 것은 참으로 위안스러운 일입니다. 암탉은 물론 법(Dhamma)을 알지는 못했지만 깨끗한 마음으로 게송을 경청하였기 때문에 어떠한 공덕을 얻었을 것이고 그로 인해 왕녀로 재생하게 되었습니다. 이렇듯 법문을 듣는 것은 참으로 유익하고 과보가 큰 것입니다.

왕녀의 삶을 살고 난 뒤에 선정을 성취하여 범천이 된 것은 만족스러운 일입니다. 또 범천계에서 내려와 인간세계의 부유한 가정에 재생한 것도 만족스럽습니다. 하지만 가족과 친구, 재산을 마지못해 뒤로 남겨둔 채 암돼지로 재생했음을 알게 되면 너무나도 가슴이 메어집니다. 범천계에서 인간세계로 내려와서 다시 더 낮은 돼지의 축생계로 떨어진다는 생각은 참으로 무시무시한 것입니다. 성스러운 도를 확립하지 않은 한 어느 누구도 악처(apāya)에 떨어질 수 있기 때문에 이 사실은 놀라움과 종교적인 감동을 불러일으키기에 충분할 것입니다. 세존께서는 비구들에게 종교적인 감격을 불러일으키고 최선의 노력을 다해 법(Dhamma)을 닦도록 권고하려는 의도로 암탉의 연속된 삶들을 말씀하신 것입니다.

어린 암돼지가 어떻게 죽었는지는 경전에 나와 있지 않

지만 오늘날처럼 사육자에 의해 도살되었을 거라고 추정해볼 수 있습니다. 어린 암퇘지는 자신의 죽음을 비통해하는 가족과 친구들을 뒤로 남겨 놓았음에 틀림없습니다. 그녀가 나중에 수완나부미에서 아누라다푸라까지 줄곧 여섯 생을 사람으로 태어난 것은 위안스러운 일이었습니다. 하지만 이들 각 생에서 생애를 마감할 때마다 슬픔, 비탄, 정신적 고통에서 오는 크나큰 괴로움이 그녀와 그녀의 사랑하는 사람들에게 있었음에 틀림없습니다. 그녀가 마지막에 비구니인 수마나 장로니가 된 것은 이 이야기에서 가장 고무적인 부분입니다.

그녀가 한 생에서 또 다른 생으로 연속해서 재생한 원인은 갈애, 즉 집제集諦 때문이었습니다. 갈애를 아직 제거하지 못한 다른 사람들도 마찬가지로 한 생에서 죽어 또 다른 생으로 재생하는 윤회를 거치게 됩니다. 그래서 갈애, 즉 집제를 제거하기 위해 성스러운 도의 수행을 확립하는 것이 무엇보다 중요합니다.

수마나 장로니는 처음에 『염처경』의 설법을 들었습니다. 그리고 나서 사념처 수행법에 따라 알아차림(sati)을 닦아서 흐름에 들어선 이, 예류자가 되었습니다. 그리고 나서 『독사경』을 듣고서 수행에 더욱더 열심히 매진하여 아라한과를 얻은 여성 아라한이 되었습니다. 그녀에게서 갈애, 다른 말로 해서 일어남(集, samudaya)은 완전히 제거되었습니다. 그리하여 그녀는 더 이상의 재생이 없고 완전한 열반(般涅槃)에 든 뒤에 평화를 누릴 것입니다.

그리하여 수마나 장로니는 도반들에게 현생의 생명력인 수명의 상카라(āyu-saṅkhāra)[31]가 다하고 나면 완전한 열반(般涅槃)에 들 것이라고 선언하였습니다. 그러자 비구와 비구니 도반들은 그녀에게 전생 이야기를 해달라고 간청하였습니다.

"나는 까꾸산다 부처님 당시에 한 여인이었습니다. 거기서 죽어 암탉이 되었습니다. 독수리에게 목을 짤리우고 잡아 먹혔습니다. 그리고 인간계에서 왕녀가 되었습니다."

그녀는 복깐따 마을의 마지막 생까지의 자신의 전생들을 계속해서 이야기하였습니다. 그녀는 다음과 같은 말로 끝을 맺었습니다.

---

31 수명의 상카라(āyu-saṅkhāra)는 수명을 유지시키는 힘, 생명현상, 또는 살려는 의지를 뜻하며, 아비담마에서는 생명기능(命根)으로 표현된다. 중국에서는 생존의욕生存意欲으로, 영역은 will to live, life principle 등으로 번역된다.

"그렇게 나는 각각의 생에서 삶의 오르내림과 부침浮沈을 겪으면서 열두 생을 살아왔습니다. 이 마지막 생에서 나는 윤회에 염증을 느껴 비구니가 되었고 마침내 아라한과를 얻었습니다. 나는 여러분들과 같은 고결한 비구와 비구니 모두에게 알아차림(sati)으로 정진해서 계·정·혜를 완벽하게 확립할 것을 간곡히 부탁합니다."

그렇게 말하고는 우바새, 우바이, 비구, 비구니로 이루어진 사부대중의 마음속에 종교적인 감격을 불러일으키며 입멸入滅하였습니다. 이 어린 암퇘지 이야기는 『법구경(Dhammapada)』 주석서(DhA.iv.46)에 모두 나와 있습니다."[32]

이렇게 육도에 윤회하는 이야기는 초기경전에도 무수히 많다. 그럼에도 아직 반신반의하는 분들은 달라이 라마 존자님의 아래 법문을 보기 바란다.

"지옥의 영역이 존재하는 것을 의심하는 사람들도 있어요. 그러나 전 세계의 수많은 독립 문화권이 이 영역에 대

---

[32] 『초전 법륜경』, pp.290~298, 마하시 아가 마하 빤디따 지음, 김한상 옮김, 행복한 숲.

해 언급하고 있고 또 초능력이 있는 많은 사람들이 이 영역을 인식하고 있습니다. 불교에서는 명상을 하다 보면 특별한 기억력이 생겨 전생을 기억할 수 있는데 그 경우 자신이 지옥에서 한 경험도 기억해낼 수 있을 것입니다. (중략)

수많은 불교 경전이 아주 생생하게 정확한 위치까지 포함하여 지옥을 그리고 있습니다. 이런 영역이 외부적으로 진정 있는 곳인지 아니면 다만 마음에서 그린 것인지는 불교권에서도 아직 토론이 끝나지 않았습니다.

불교학자 산티데봐는 말했습니다. '지옥을 지키는 사람이나 고문 도구를 누가 만들었나? 그것들은 다 마음속에 품고 다니는 업의 흔적에서 생긴 것이다.'[33]

윤회를 인정하는 불자들과 수행자들도 중음의 존재에 대해서는 의혹을 품을 수 있을 것이다. 그러나 중음의 개념도 초기경전에서 분명히 찾아볼 수 있다. 아래에서 그 예를 보자.

---

33 『깨달음의 길』, pp.126~127, 달라이 라마 지음, 진우기, 신진욱 옮김, 부디스트웹닷컴.

"비구들이여, 세 가지가 만나서 수태가 이루어진다. 여기 어머니와 아버지가 교합하더라도 어머니가 월경이 없고, 간답바가 있지 않으면, 수태가 이루어지지 않는다. 여기 어머니와 아버지가 교합하고 어머니가 월경이 있더라도 간답바가 있지 않으면 수태가 이루어지지 않는다. 비구들이여, 어머니와 아버지가 교합하고 어머니가 월경이 있고 간답바가 있어서, 이와 같이 세 가지가 만날 때 수태가 이루어진다."[34]

임신의 세 가지 조건으로 경전에서는 ① 남녀의 교합과 ② 어머니의 임신 주기, 그리고 ③ 간답바를 들고 있다. 불자가 아니라면 조금은 생소할지도 모르는 세 번째 조건인 간답바 gandhabba[35], 즉 식識은 정신적인 존재현상으로 중음신中陰身이라고 불리기도 한다. 정자와 난자가 만나서 형성된 수정란에 이 식이 깃들게 되면서 임신이 시작된다.

남방불교를 신봉하는 한국의 일부 스님들과 신자들은 중

---

34 「갈애의 멸진의 긴 경」(M38. 26), 『맛지마 니까야』, 대림 스님 옮김.

35 간답바gandhabba는 빨리어이고, 범어로는 gandharva이며, 한역漢譯으로는 건달박健達縛 또는 건달바乾闥婆라 한다. 중유의 중생은 향기를 음식으로 하기 때문에, 식향신食香身, 식향食香, 심향尋香, 향음香陰이라고도 한다.

음中陰이란 대승의 북방불교에서나 나오는 개념이라고 중유, 즉 중음을 부정한다.

여기서 한 불교학자의 논문에 언급된 내용을 보면, 빨리어 경전에서도 분명히 중유를 언급하고 있음을 알 수 있다.

"Somaratne는 중유 개념이 구체화되어 설명되기 시작한 것은 비록 아비달마 시대이지만 가장 초기의 불교인들 또한 이 개념을 인지하고 있었음을 논증하고 있다. 그 증거로서 새로운 식을 찾아서 어머니의 자궁에 들어가는 존재를 가리키는 팔리 니까야의 'gandhabba'의 개념을 제시한다.

또한 Somaratne는 가장 초기의 시기에 'antarā / antarena'가 존재의 '중간적인 것' 또는 '중간적 상태'의 의미로 이미 사용되고 있었음을 지적한다(Somaratne 1999, 149-152). 사실상 설일체유부의 『아비달마대비바사론』은 건달박(揵達縛, S. gardharva, P. gandhabba)을 중유의 여러 이름 중 하나로 제시한다.[36]

36　如是中有有多種名. 或名中有. 或名揵達縛. 或名求有. 或名意成.(阿毘達磨大毘婆沙論, T 1545363a01-02) 이 네 가지 명칭은 세친의 Abhidharmakoś에도 또한 언급되고 있는데,(III 40c-41a; Pruden 1988, vol 2, 441-42) 세친은 '일어남'(S. nirvṛti, 起)을 부가하여 총

Harvey(1995, 98-108) 또한 팔리 니까야에서 생과 생 사이의 중간적 존재라는 개념을 받아들이고 있다는 일련의 증거를 논의하고 있다.

이 구절에 해당하는 한역은 다음과 같다.
由佛世尊以五種名說中有故. 何等 五. 一者意成. 從意生故. 非精血等所有外緣合所成故. 二者求生. 常喜尋察當生處故. 三者食香. 身資香食往生處故. 四者中有. 二趣中間所有蘊故. 五者名起. 對向當生暫時起故.(阿毘達磨俱舍論 T 1558 55b03-08)"[37]

한역 아함경에도 '중음中陰'에 대한 언급이 있다. 아래를 보자.

그때에 세존께서는 존자 아아난다에게 말씀하시었다.
"이 마투라국에는 장래에 굴다堀多라는 상인商人의 아들이 있을 것이요, 굴다의 아들 우파굴다優波堀多는 내가 죽

다섯 가지의 명칭을 제시하고 있다.(Radich 2007, 278 참조)

37 「불교 우주론과 수증론 체계에서 본 의생신(意生身, S. manomaya-kaya)의 의미」, p.11, 15, 이수미, 동국대학교 불교학술원.

은 뒤 백 년에 부처의 일을 짓되, 교수들 중에서 가장 제일이 될 것이다. 아아난다여, 너는 멀리 있는 저 파란 숲 덤불을 보느냐?"

아아난다는 부처님께 여쭈었다.

"예, 이미 보았나이다. 세존이시여."(중략)

세존께서는 다시 네 큰 천왕에게 말씀하시었다.

"또 이 파아탈리풋트라국에는 장차 수타나須陀那라는 장사떼 우두머리가 있을 것이니, **중음中陰 중생이 와서 그 어머니 태에 들 것이다.** 그 중생이 어머니 태에 들 때에, 그 어머니를 순박하고 정직하며 부드럽게 하여, 어떤 사특한 생각도 없고 모든 감관은 고요할 것이다. 때에 그 장사떼 우두머리는 곧 상사相師에게 물으면 상사는 대답할 것이다. '태 안에 있는 중생이 지극히 선량하기 때문에 어머니를 그렇게 … 나아가서는 모든 감관이 고요하게 한 것입니다.'"[38]

위에서 중음이란 말과 중음신(中陰身, 간답바gandhabba)이란 용어가 분명히 초기 경전에 나오므로, 여기에 대한 의문은 많

---

38 한글대장경 『잡아함경 2』, pp.208~210, 잡아함경 제25권 no.640 『法滅盡相經』, 동국역경원.

이 사라졌을 것이다. 중음에 대한 내용을『구사론』에서 찾아 보자.

"〔중유는〕 동류同類와 청정한 천안에게 보이며 업의 신통 (業通)이 있어 빠르며, 근을 갖추고 있으며 무대無對이며, 〔정해진 '취'를〕 바꿀 수가 없으며 향을 먹으며, 오래 머물 지 않는다."

同淨天眼見 業通迅具根

無對不可轉 食香非久住

또한 전도된 마음(倒心)으로 애욕의 경계로 나아가지만 습생과 화생의 경우 향香과 처소에 염착染着하며 천天의 중유는 머리를 위로하여 (올라가고), 세 가지는 옆으로 가며 지옥은 머리를 아래로 하여 거기로 떨어진다.

논하여 말하겠다. 이러한 중유의 몸은 같은 종류끼리만 서로 볼 수 있다. 그리고 만약 지극히 청정한 천안을 닦아 획득한 자라면 역시 능히 볼 수 있다. 그렇지만 태어날 적 에 갖게 되는 온갖 눈(生得眼)으로는 능히 그것을 볼 수 없으니, 지극히 미세하기 때문이다.

그런데 유여사[39]는 설하기를, "천취 중유의 안안(眼)은 능히 5
취의 중유를 모두 볼 수 있으며, 인간·아귀·방생[40]·지옥
의 중유는 각기 순서대로 네 가지와 세 가지와 두 가지와
한 가지를 보니, 이를테면 보다 위의 것을 제외한 자신과
그 아래 중유를 능히 볼 수 있다."고 하였다.

일체의 신통 가운데 업의 신통(業通)이 가장 빠르다. 여
기서 신통(通, rddhi)이란 허공을 마음대로 통과하여 가
는 것을 말하는데, 이러한 신통이 업에 의해 획득되었기
때문에 '업의 신통', 즉 업통이라고 이름하였다. 그리고
이러한 신통은 그 세력과 작용이 신속하기 때문에 '빠르
다'고 일컫는 것이다.

즉 중유는 바로 이러한 가장 빠른 업의 신통을 갖추고 있
어 위로는 모든 부처님에 이르기까지 능히 그것을 막을
수 없다. 왜냐하면 중유는 업의 세력이 가장 강성하기 때
문이다.

또한 일체의 중유는 5근을 모두 갖추고 있다.

또한 (본송에서 말한 무대의) '대'란 대애(對礙; 공간적 점

---

39 유여사有餘師: 다른 어떤 사람들. 정통파의 논사論師가 이단異端의
　　 논사를 부르는 칭호. 또는 이름을 나타내 보일 가치가 없는 학자
　　 를 부르는 칭호. 생략하여 유여有餘라고도 한다.

40 방생傍生: 축생畜生을 말함.

유성)를 말하는 것으로, 금강석 따위도 능히 이를 차단 장
애할 수 없기 때문에 '무대'라고 이름하였다. 즉 일찍이
'붉게 타오르는 쇳덩이를 쪼개어 보니 그 속에 벌레가 살
아 있더라'는 말을 들은 적이 있기 때문이다.

또한 마땅히 그러한 취趣로 나아가는 중유로서 이미 생
기한 것이라면, 어떤 종류의 힘으로도 능히 그것을 바꿀
수가 없다. 이를 테면 인간의 중유를 몰하여 다른 중유로
일어나게 하는 일은 있을 수 없으며, 그 밖의 다른 종류의
중유로도 역시 그러하니, 그러한 '취'로 나아가는 중유로
서 이미 생기한 것이라면 다만 마땅히 그곳으로 가야지
결정코 그밖의 다른 곳으로는 가지 않는 것이다."[41]

중음과 의생신이 관련되어 있음은 초기 경전인 『잡아함
경』에서도 찾아볼 수 있다.

"佛告婆蹉하니 衆生於此處命終함에 乘意生身生於餘處
하니라 當於爾時에 因愛故取하고 因愛而住하니 故說有餘
라 하니라"

41　아비달마 구사론 제9권, 『아비달마 구사론 2』, 권오민 역주,
　　pp.409~411, 동국역경원.

"붓다가 바차婆蹉에게 말했다. '중생이 이곳에서 생명을
다할 때 그 중생은 의생신을 타고 또 다른 곳에서 태어난
다. 이때 그 중생은 애욕(愛)으로 인해서 (또 하나의 생을)
취하며, 애욕(愛)으로 인해 (그 생에) 머문다. 그러므로
(의생신은) 유여(有餘, S. śeṣa)라고 한다.'"[42]

위 내용을 보면 의생신이 이생에서 다음 생으로 연결해 주
는 매개체의 역할을 하고 있음을 알 수 있다.

그리고 무명無明과 행行과 식識의 3사三事가 모여 십이연기
의 과정으로 어머니의 태에 향음(香陰, 즉 중음신)이 들어간
다고 기술한 경전을 보자.

나는 이와 같이 들었다. 어느 때 부처님께서 사위국에 유
행하실 적에 승림급고독원에 계셨다. 그때 계화타자雞和
哆子 다제嗏帝 비구[43]는 이러한 나쁜 소견을 내었다.
"나는 세존께서 '지금의 이 식識은 저 세상에 가서 태어
나더라도 달라지지 않는다.'라고 설법하신 것으로 알고

---

42 잡아함경雜阿含經 大正藏 T 99:02.244b02-05.

43 계화타자雞和哆子는 팔리본에 Kevaṭṭaputta로 되어 있다. 즉 어부
漁夫의 아들이라는 뜻이다. 다제嗏帝는 Sati의 음역이다.

있다.”

여러 비구들은 이 말을 듣고 다제 비구가 있는 곳으로 가서 물었다.

“다제여, 너는 참으로 ‘나는 세존께서「지금의 이 식은 저 세상에 가서 태어나더라도 달라지지 않는다.」고 말씀하신 것으로 알고 있다.’고 이렇게 말하였는가?”

다제 비구가 대답하였다.

“여러분, 나는 참으로 세존께서 ‘지금의 이 식은 저 세상에 가서 태어나더라도 달라지지 않는다.’고 이렇게 설법하신 것으로 알고 있습니다.”

그러자 모든 비구들이 다제 비구를 꾸짖어 말하였다.

“너는 그런 말을 하지 말라. 세존을 모함해 비방하지 말라. 세존을 모함해 비방하는 것은 좋지 못하다. 세존께서는 그렇게 말씀하지 않으셨다. 다제 비구야, 지금의 이 식識은 연緣을 인연하기 때문에 일어난다. 세존께서는 한량없는 방편으로 ‘식은 연을 인연하기 때문에 일어난다. 식은 연이 있으면 일어나고, 연이 없으면 멸한다.’고 말씀하셨다. 다제 비구야, 너는 빨리 그런 나쁜 소견을 버려야 한다.”

다제 비구는 모든 비구들의 꾸짖음을 받고도 그 나쁜 소견을 굳게 고집하여 여전히 “이것은 진실하고 다른 것은 허망하다"고 그렇게 거듭거듭 되풀이해 말했다. 많은 비구들은 다제 비구의 이 나쁜 소견을 버리게 하지 못하고 곧 자리에서 일어나 떠나갔다. 그들은 부처님 계신 곳으로 나아가 부처님 발에 머리를 조아리고 물러나 한쪽에 앉아 아뢰었다.

"세존이시여, 다제 비구는 이러한 나쁜 소견을 가지고 있습니다.

'나는 세존께서 「지금의 이 식은 저 세상에 가서 태어나더라도 달라지지 않는다」고 이렇게 설법하신 것으로 알고 있다.'

세존이시여, 저희들은 그 말을 듣고 다제 비구에게 가서 물었습니다.

'다제 비구야, 너는 참으로 「나는 세존께서 지금의 이 식은 저 세상에 가서 태어나더라도 달라지지 않는다고 말씀하신 것으로 알고 있다」고 말하였는가?'

다제 비구가 저희들에게 대답했습니다.

'여러분, 나는 참으로 세존께서 「지금의 이 식은 저 세상에 가서 태어나더라도 달라지지 않는다」고 설법하신 것으로 알고 있습니다.'

세존이시여, 그래서 저희들은 그를 꾸짖었습니다.

'다제 비구야, 너는 그런 말을 하지 말라. 세존을 비방해

모함하는 것은 좋지 못하다. 세존께서는 그렇게 말씀하지 않으셨다. 다제 비구야, 지금의 이 식은 연을 따르기 때문에 일어난다.

세존께서는 한량없는 방편으로 「식은 연을 따르기 때문에 일어난다. 식은 연이 있으면 생기고 연이 없으면 멸한다」고 말씀하셨다. 다제 비구야, 너는 빨리 그 나쁜 소견을 버려야 한다.'

저희들이 이렇게 꾸짖었으나 그는 나쁜 소견을 굳게 고집하여 여전히 '이것은 진실이요 다른 것은 허망한 것이다.'라고 그렇게 재삼 되풀이해 말했습니다. 세존이시여, 저희들은 이리하여 다제 비구의 나쁜 소견을 버리게 하지 못하고 곧 자리에서 일어나 떠났습니다."

세존께서 이 말을 들으시고 한 비구에게 분부하셨다.

"너는 다제 비구에게 가서 '세존께서 너를 부르신다.'고 말하라."

이에 한 비구가 세존의 분부를 받고 곧 자리에서 일어나 부처님 발에 머리를 조아리고 세 바퀴 돌고 나서 떠나갔다. 그는 다제 비구에게 가서 말하였다.

"세존께서 그대를 부르십니다."

다제 비구는 곧 부처님께 나아가 부처님 발에 머리를 조아리고 물러나 한쪽에 앉았다.

세존께서는 물으셨다.

"너는 참으로 '나는 세존께서「지금의 이 식識은 저 세상에 가서 태어나더라도 달라지지 않는다.」라고 이렇게 설법하신 것으로 안다.'고 그와 같이 말하였는가?"

다제 비구가 아뢰었다.

"세존이시여, 저는 참으로 세존께서 '지금의 이 식은 저 세상에 가서 태어나더라도 달라지지 않는다.'고 이렇게 설법하신 것으로 알고 있습니다."

세존께서 물으셨다.

"어떤 것이 식識인가?"

"세존이시여, 이른바 이 식이란 말하고 깨달으며, 스스로 짓고 남을 짓게 하며, 일어나고 함께 일어나는 것으로서 여기저기서 선하고 악한 업을 지어, 그 과보를 받는 것입니다."

세존께서 꾸짖어 말씀하셨다.

"다제 비구야, 너는 어떻게 내가 그렇게 설법하였다고 알고 있으며, 너는 누구에게서 내가 그렇게 설법하더라고 들었느냐? 너 어리석은 사람아, 나는 전혀 그런 말을 하지 않았는데 너는 한결같이 그렇게 말하는구나. 너 어리석은 사람아, 모든 비구들에게 꾸짖음을 들었으면 너는 그때 마땅히 법대로 대답했어야 할 것이다. 나는 이제 모든 비구들에게 물어 보리라."

이에 세존께서 모든 비구들에게 물으셨다.

"비구들아, 너희들도 또한 내가 '지금의 이 식은 저 세상에 가서 태어나더라도 달라지지 않는다.'고 이렇게 설법했다고 기억하고 있느냐?"

"아닙니다. 세존이시여."

"너희들은 내 설법을 어떻게 기억하고 있느냐?"

모든 비구들이 아뢰었다.

"저희들은 세존께서 '식은 연緣을 따르기 때문에 일어난다.'고 설법하신 것으로 압니다. 세존께서는 한량없는 방편으로 '식은 연을 따르기 때문에 일어난다. 식은 연이 있으면 생기고, 연이 없으면 멸한다.'고 말씀하셨습니다. 저희들은 세존께서 이렇게 설법하신 것으로 기억하고 있습니다."

세존께서 찬탄하며 말씀하셨다.

"훌륭하고 훌륭하다. 비구들아, 너희들은 내가 그렇게 설법한 것을 알고 있구나. 왜냐하면 나도 또한 그렇게 '식은 연을 따르기 때문에 일어난다.'고 설법하였기 때문이다. 나는 '식은 연을 따르기 때문에 일어난다. 식은 연이 있으면 생기고 연이 없으면 멸한다.'고 말했다. 식은 연하는 바를 따라 생기는데, 그 연이란 곧 눈과 빛깔을 연하여 식이 생기는 것을 말하며, 식이 생긴 뒤에는 눈의 식(眼識)이라고 말한다. 이와 같이 귀 코 혀 몸에 있어서도 또한 그러하며, 뜻과 법을 인연하여 식이 생기고, 식이 생긴 뒤에는 뜻의 식(意識)이라고 말한다.

그것은 마치 불이 연하는 바를 따라 생기는 것과 같나니, 그 연이란 나무를 연하여 불이 생기는 것을 말하며, 불이 생긴 뒤에는 나무의 불이라고 말한다. 또 풀이나 똥무더기를 연하여 생긴 불은 풀의 불, 똥무더기의 불이라고 말한다. 이와 같이 식은 연하는 바를 따라 생기는데, 그 연이란 곧 눈과 빛깔을 연하여 식이 생기는 것을 말하며, 식이 생긴 뒤에는 눈의 식이라고 말한다. 이와 같이 귀 코 혀 몸에 있어서도 또한 그러하며, 뜻과 법을 연하여 식이 생기고, 식이 생긴 뒤에는 뜻의 식이라 하느니라."

세존께서 다시 찬탄하며 말씀하셨다.

"훌륭하고 훌륭하다. 너희들은 내가 이렇게 설법한 것을 알고 있구나. 그런데 저 어리석은 사람 다제 비구는 거꾸로 그 뜻과 글을 받아 이해하고 있다. 그는 스스로 거꾸로 받아 이해하고 있기 때문에 나를 모함해 비방하고, 스스로 자기를 해쳤으며, 계를 범하고 죄를 지어 모든 지혜로운 범행자들의 나무람을 받고, 또 큰 죄를 지었다. 너 어리석은 사람아, 네가 이렇게 악하고 착하지 않은 줄을 알겠느냐?"

이에 다제 비구는 세존의 면전에서 직접 꾸지람을 듣고 마음에 근심과 슬픔을 품고, 머리를 떨구고 잠자코 있었다. 할 말을 잃고 말이 없었으나 무엇인가 물을 것이 있는 것 같았다.

이에 세존께서 다제 비구를 면전에서 직접 꾸짖으신 뒤에 모든 비구들에게 말씀하셨다.

"내 너희들을 위하여 번뇌의 뜨거움도 없고 항상 존재하며 변화하지 않는 법의 최후의 경지에 대하여 설명하리라. 모든 지혜 있는 자들은 이와 같이 관찰해야 한다. 잘 듣고 잘 생각해 기억하라."

부처님께서 말씀하셨다.

"참말을 보느냐?"

"봅니다. 세존이시여."

"여래의 참말을 보느냐?"

"봅니다. 세존이시여."

"여래가 멸한 뒤에는 그 참말도 또한 멸하는 법이라고 보느냐?"

"그렇습니다. 세존이시여."

"참말을 이미 보았느냐?"

"그렇습니다. 세존이시여."

"여래의 참말을 이미 보았느냐?"

"그렇습니다. 세존이시여."

"여래가 멸한 뒤에는 그가 가진 참말도 또한 멸하는 법이라고 이미 보았느냐?"

"그렇습니다. 세존이시여."

"참말에 대하여 의혹이 없느냐?"

"없습니다. 세존이시여."

"여래의 참말에 의혹이 없느냐?"

"없습니다, 세존이시여."

"여래가 멸한 뒤에는 그가 가지고 있는 참말도 또한 멸하는 법이라는 데에 의혹이 없느냐?"

"없습니다, 세존이시여."

"참말은 이러하다고 지혜로써 진실 그대로를 보면 그가 가진 의혹도 또한 멸하느냐?"

"그렇습니다. 세존이시여."

"여래의 참말은 이러하다고 지혜로써 진실 그대로를 보면 그가 가진 의혹도 또한 멸하느냐?"

"그렇습니다. 세존이시여."

"여래가 멸한 뒤에는 그가 가진 참말도 또한 멸하는 법이라고, 이렇게 지혜로써 진실 그대로를 보면 그가 가진 의혹도 또한 멸하느냐?"

"그렇습니다. 세존이시여."

"참말에 대하여 이미 의혹이 없느냐?"

"그렇습니다. 세존이시여."

"여래의 참말에 대하여 이미 의혹이 없느냐?"

"그렇습니다. 세존이시여."

"여래가 멸하면 그가 가진 참말도 또한 멸하는 법이라는 데에 이미 의혹이 없느냐?"

"그렇습니다. 세존이시여."

세존께서 찬탄하시며 말씀하셨다.

"훌륭하고 훌륭하다. 만일 너희들이 그렇게 알고 그렇게 보고는 이른바 '나의 이 소견은 이렇게 청정하다'고 하며, 그것에 집착하고 그것을 아끼며, 그것을 지켜 버리려고 하지 않는다면, 너희들은 내가 긴 세월 동안에 설한 뗏목의 비유에 대해 알고, 그것을 안 뒤에 막힌 것이 트이겠느냐?"

"아닙니다. 세존이시여."

세존께서 찬탄하며 말씀하셨다.

"훌륭하고 훌륭하다. 만일 너희들이 이렇게 알고 이렇게 보아 이른바 '나의 이 소견은 이렇게 청정하다'고 하더라도 그것에 집착하지 않고 그것을 아끼지 않으며, 그것을 지키지 않고 그것을 버리려고 한다면, 너희들은 내가 긴 세월 동안에 설한 뗏목의 비유를 알고, 그것을 안 뒤에 막힌 것이 트이겠느냐?"

"그렇습니다, 세존이시여."

세존께서 찬탄하며 말씀하셨다.

"훌륭하고 훌륭하다. 만일 어떤 이교도異敎徒들이 와서 너희들에게 '여러분, 그대들에게 만일 그렇게 청정한 소견이 있다면 거기에는 무슨 뜻이 있고, 무엇을 위한 것이며, 무슨 공덕이 있습니까?' 하고 묻는다면 너희들은 어떻게 대답하겠느냐?"

"세존이시여, 만일 어떤 이교도들이 와서 저희들에게 '여러분, 그대들에게 만일 그렇게 청정한 소견이 있다면 거기에는 무슨 뜻이 있고 무엇을 위한 것이며, 무슨 공덕이 있습니까?' 하고 묻는다면 저희들은 마땅히 '여러분, 그것은 싫어하는 도리를 위한 것이며, 욕심이 없는 도리를 위한 것이며, 참된 도리를 보고 알기 위한 까닭입니다.' 라고 이렇게 대답하겠습니다. 세존이시여, 만일 어떤 이교도들이 와서 저희들에게 묻는다면 저희들은 마땅히 이렇게 대답하겠습니다."

세존께서 찬탄하며 말씀하셨다.

"훌륭하고 훌륭하다. 만일 이교도들이 와서 너희들에게 묻거든 너희들은 마땅히 그렇게 대답하라. 왜냐 하면 여기에서 말한 바 관찰이란 첫째 굵고 가는 단식搏食[44]이요, 둘째 갱락식更樂食[45]이며, 셋째 의념식意念食이요, 넷째 식식識食이다.

이 4식食은 무엇을 말미암고 무엇을 원인하며, 어디서 생겨 무엇 때문에 있는가? 이 4식은 애愛를 말미암고 애를 원인하며, 애에서 생겨 애 때문에 있다. 애는 무엇을 말미암고 무엇을 원인하며, 어디서 생겨 무엇 때문에 있는가?

애는 각覺[46]을 말미암고 각을 원인하며, 각에서 생겨 각 때문에 있다. 각은 무엇을 말미암고 무엇을 원인하며, 어디서 생겨 무엇 때문에 있는가? 각은 갱락更樂[47]을 말미암고 갱락을 원인하며, 갱락에서 생겨 갱락 때문에 있다. 갱락은 무엇을 말미암고 무엇을 원인하며, 어디서 생겨

---

44   4식四食의 하나. 단식(段食·團食)이라고도 함. 밥·국수·나물·기름·장 따위와 같이 형체가 있는 음식.

45   촉식觸食을 말함. 촉식이란, 촉각으로 희락을 받아 신심身心을 성장시키는 음식. 4식四食의 하나.

46   각覺: 12연기의 7번째인 수受를 말하는 것으로 마음의 감수 작용. 감각·지각·인상印象 등에 작용. 의식 가운데 무엇인가 인상을 받아들이는 것.

47   갱락更樂: 감각기관에 의한 대상과의 접촉. 12연기 중의 촉觸과 같음. 『불교대사전』 상권, p.53, 김길상 편저, 홍법원.

무엇 때문에 있는가? 갱락은 6처處를 말미암고 6처를 원인하며, 6처에서 생겨 6처 때문에 있다. 6처는 무엇을 말미암고 무엇을 원인하며, 어디서 생겨 무엇 때문에 있는가?

6처는 명색名色을 말미암고 명색을 원인하며, 명색에서 생겨 명색 때문에 있다. 명색은 무엇을 말미암고 무엇을 원인하며, 어디서 생겨 무엇 때문에 있는가? 명색은 식識을 말미암고 식을 원인하며, 식에서 생겨 식 때문에 있다.

식은 무엇을 말미암고 무엇을 원인하며, 어디서 생겨 무엇 때문에 있는가? 식은 행行을 말미암고 행을 원인하며, 행에서 생겨 행 때문에 있다. 행은 무엇을 말미암고 무엇을 원인하며 어디서 생겨 무엇 때문에 있는가?

행은 무명無明을 말미암고 무명을 원인하며, 무명에서 생겨 무명 때문에 있느니라.

이것을 무명을 인연하여 행이 있고, 행을 인연하여 식이 있으며, 식을 인연하여 명색이 있고, 명색을 인연하여 6처가 있으며, 6처를 인연하여 갱락이 있고, 갱락을 인연하여 각이 있으며, 각覺을 인연하여 애가 있고, 애를 인연하여 수受가 있으며, 수를 인연하여 유가 있고, 유를 인연하여 생이 있으며, 생生을 인연하여 늙음과 죽음 시름 슬픔 울음 걱정 괴로움 번민이 있는 것이라 하느니라.

이리하여 이러한 큰 괴로움의 무더기가 생기고, 생을 인연하여 늙음과 죽음이 있으니, 이것을 생을 인연하여 늙음과 죽음이 있다고 말한다. 비구들아, 너희들 생각에는 어떠하냐?"

비구들이 아뢰었다.

"세존이시여, 생生을 인연하여 늙음과 죽음이 있다는 것은 저희들의 생각에도 그렇다고 생각됩니다. 왜냐 하면 생을 인연하여 늙음과 죽음이 있기 때문입니다."

"유를 인연하여 생이 있나니, 이것을 유有를 인연하여 생이 있다고 말한다. 너희들 생각에는 어떠하냐?"

"세존이시여, 유를 인연하여 생이 있다는 것은 저희들 생각에도 그렇다고 생각됩니다. 왜냐 하면 유를 인연하여 생이 있기 때문입니다."

"수受를 인연하여 유가 있나니, 이것을 수를 인연하여 유가 있다고 말한다. 너희들 생각에는 어떠하냐?"

"세존이시여, 수를 인연하여 유가 있다는 것은 저희들 생각에도 그렇다고 생각됩니다. 왜냐 하면 수를 인연하여 유가 있기 때문입니다."

"애愛를 인연하여 수가 있나니, 이것을 애를 인연하여 수가 있다고 말한다. 너희들 생각에는 어떠하냐?"

"세존이시여, 애를 인연하여 수가 있다는 것은 저희들 생각에도 그렇다고 생각됩니다. 왜냐 하면 애를 인연하여 수가 있기 때문입니다."

"각覺을 인연하여 애가 있나니, 이것을 각을 인연하여 애가 있다고 말한다. 너희들 생각에는 어떠하냐?"

"세존이시여, 각을 인연하여 애가 있다는 것은 저희들 생각에도 그렇다고 생각됩니다. 왜냐 하면 각을 인연하여 애가 있기 때문입니다."

"갱락更樂을 인연하여 각이 있나니, 이것을 갱락을 인연하여 각이 있다고 말한다. 너희들 생각에는 어떠하냐?"

"세존이시여, 갱락을 인연하여 각이 있다는 것은 저희들 생각에도 그렇다고 생각됩니다. 왜냐 하면 갱락을 인연하여 각이 있기 때문입니다."

"6처處를 인연하여 갱락이 있나니, 이것을 6처를 인연하여 갱락이 있다고 말한다. 너희들 생각에는 어떠하냐?"

"세존이시여, 6처를 인연하여 갱락이 있다는 것은 저희들 생각에도 그렇다고 생각됩니다. 왜냐 하면 6처를 인연하여 갱락이 있기 때문입니다."

"명색名色을 인연하여 6처가 있나니, 이것을 명색을 인연하여 6처가 있다고 말한다. 너희들 생각에는 어떠하냐?"

"세존이시여, 명색을 인연하여 6처가 있다는 것은 저희들 생각에도 그렇다고 생각됩니다. 왜냐 하면 명색을 인연하여 6처가 있기 때문입니다."

"식識을 인연하여 명색이 있나니, 이것을 식을 인연하여 명색이 있다고 말한다. 너희들 생각에는 어떠하냐?"

"세존이시여, 식을 인연하여 명색이 있다는 것은 저희들 생각에도 그렇다고 생각됩니다. 왜냐 하면 식을 인연하여 명색이 있기 때문입니다."

"행行을 인연하여 식이 있나니, 이것을 행을 인연하여 식이 있다고 말한다. 너희들 생각에는 어떠하냐?"

"세존이시여, 행을 인연하여 식이 있다는 것은 저희들 생각에도 그렇다고 생각됩니다. 왜냐 하면 행을 인연하여 식이 있기 때문입니다."

"무명無明을 인연하여 행이 있나니, 이것을 무명을 인연하여 행이 있다고 말한다. 너희들 생각에는 어떠하냐?"

"세존이시여, 무명을 인연하여 행이 있다는 것은 저희들 생각에도 그렇다고 생각됩니다. 왜냐 하면 무명을 인연하여 행이 있기 때문입니다.

이것을 무명을 인연하여 행이 있고 행을 인연하여 식이 있으며, 식을 인연하여 명색이 있고, 명색을 인연하여 6처가 있으며, 6처를 인연하여 갱락이 있고, 갱락을 인연하여 각이 있으며, 각을 인연하여 애가 있고, 애를 인연하여 수가 있으며, 수를 인연하여 유가 있고, 유를 인연하여 생이 있으며, 생을 인연하여 늙음과 죽음이 있고, 시름 슬픔 울음 근심 괴로움 번민이 생기게 되는 것이라 합니다. 이리하여 이러한 큰 괴로움의 무더기가 생기게 됩니다."

세존께서 찬탄하며 말씀하셨다.

"훌륭하고 훌륭하다. 비구들아, 너희들이 한 말이 옳다. 왜냐 하면 나도 또한 그렇게 말했기 때문이다. 곧 무명을 인연하여 행이 있고, 행을 인연하여 식이 있으며, 식을 인연하여 명색이 있고, 명색을 인연하여 6처가 있으며, 6처를 인연하여 갱락이 있고, 갱락을 인연하여 각이 있으며, 각을 인연하여 애가 있고, 애를 인연하여 수가 있으며, 수를 인연하여 유가 있고, 유를 인연하여 생이 있으며, 생을 인연하여 늙음과 죽음이 있고, 시름 슬픔 울음 근심 괴로움 번민이 생기게 되며, 이리하여 이러한 큰 괴로움의 무더기가 생기게 되느니라. 생이 멸하면 늙음과 죽음이 멸하나니, 이것을 생이 멸하면 늙음과 죽음이 멸한다고 말한다. 너희들 생각에는 어떠하냐?"

"세존이시여, 생이 멸하면 늙음과 죽음이 멸한다는 것은 저희들 생각에도 그렇다고 생각됩니다. 왜냐 하면 생이 멸하면 늙음과 죽음이 멸하기 때문입니다."

"유가 멸하면 생이 멸하나니 이것을 유가 멸하면 생이 멸한다고 말한다. 너희들 생각에는 어떠하냐?"

"세존이시여, 유가 멸하면 생이 멸한다는 것은 저희들 생각에도 그렇다고 생각됩니다. 왜냐 하면 유가 멸하면 생이 멸하기 때문입니다."

"수가 멸하면 유가 멸하나니, 이것을 수가 멸하면 유가 멸한다고 말한다. 너희들 생각에는 어떠하냐?"

"세존이시여, 수가 멸하면 유가 멸한다는 것은 저희들 생각에도 그렇다고 생각됩니다. 왜냐 하면 수가 멸하면 유가 멸하기 때문입니다."

"애가 멸하면 수가 멸하나니, 이것을 애가 멸하면 수가 멸한다고 말한다. 너희들 생각에는 어떠하냐?"

"세존이시여, 애가 멸하면 수가 멸한다는 것은 저희들 생각에도 그렇다고 생각됩니다. 왜냐 하면 애가 멸하면 수가 멸하기 때문입니다."

"각이 멸하면 애가 멸하나니, 이것을 각이 멸하면 애가 멸한다고 말한다. 너희들 생각에는 어떠하냐?"

"세존이시여, 각이 멸하면 애가 멸한다는 것은 저희들 생각에도 그렇다고 생각됩니다. 왜냐 하면 각이 멸하면 애가 멸하기 때문입니다."

"갱락이 멸하면 각이 멸하나니, 이것을 갱락이 멸하면 각이 멸한다고 말한다. 너희들 생각에는 어떠하냐?"

"세존이시여, 갱락이 멸하면 각이 멸한다는 것은 저희들 생각에도 그렇다고 생각됩니다. 왜냐 하면 갱락이 멸하면 각이 멸하기 때문입니다."

"6처가 멸하면 갱락이 멸하나니, 이것을 6처가 멸하면 갱락이 멸한다고 말한다. 너희들 생각에는 어떠하냐?"

"세존이시여, 6처가 멸하면 갱락이 멸한다는 것은 저희들 생각에도 그렇다고 생각됩니다. 왜냐 하면 6처가 멸하면 갱락이 멸하기 때문입니다."

"명색이 멸하면 6처가 멸하나니, 이것을 명색이 멸하면 6처가 멸한다고 말한다. 너희들 생각에는 어떠하냐?"

"세존이시여, 명색이 멸하면 6처가 멸한다는 것은 저희들 생각에도 그렇다고 생각됩니다. 왜냐 하면 명색이 멸하면 6처가 멸하기 때문입니다."

"식이 멸하면 명색이 멸하나니, 이것을 식이 멸하면 명색이 멸한다고 말한다. 너희들 생각에는 어떠하냐?"

"세존이시여, 식이 멸하면 명색이 멸한다는 것은 저희들 생각에도 그렇다고 생각됩니다. 왜냐 하면 식이 멸하면 명색이 멸하기 때문입니다."

"행이 멸하면 식이 멸하나니, 이것을 행이 멸하면 식이 멸한다고 말한다. 너희들 생각에는 어떠하냐?"

"세존이시여, 행이 멸하면 식이 멸한다는 것은 저희들 생각에도 그렇다고 생각됩니다. 왜냐 하면 행이 멸하면 식이 멸하기 때문입니다."

"무명이 멸하면 행이 멸하나니, 이것을 무명이 멸하면 행이 멸한다고 말한다. 너희들 생각에는 어떠하냐?"

"세존이시여, 무명이 멸하면 행이 멸한다는 것은 저희들 생각에도 그렇다고 생각됩니다. 왜냐 하면 무명이 멸하면 행이 멸하기 때문입니다.

이것을 무명이 멸하면 행이 멸하고, 행이 멸하면 식이 멸하며, 식이 멸하면 명색이 멸하고, 명색이 멸하면 6처가 멸하며, 6처가 멸하면 갱락이 멸하고, 갱락이 멸하면 각이 멸하고, 각이 멸하면 애가 멸하고, 애가 멸하면 수가 멸하고, 수가 멸하면 유가 멸하고 유가 멸하면 생이 멸하며, 생이 멸하면 늙음과 죽음이 멸하고, 시름 슬픔 울음 근심 괴로움 번민이 멸하게 되는 것이라 합니다. 이리하여 이러한 큰 괴로움의 무더기가 멸하게 됩니다."

세존께서는 찬탄하며 말씀하셨다.

"훌륭하고 훌륭하다. 비구들아, 너희들의 그 말이 옳다. 왜냐 하면 나도 또한 그렇게 말하기 때문이다. 곧 무명이 멸하면 행이 멸하고, 행이 멸하면 식이 멸하며, 식이 멸하면 명색이 멸하고, 명색이 멸하면 6처가 멸하며, 6처가 멸하면 갱락이 멸하고, 갱락이 멸하면 각이 멸하며, 각이 멸하면 애가 멸하고, 애가 멸하면 수가 멸하며, 수가 멸하면 유가 멸하고, 유가 멸하면 생이 멸하며, 생이 멸하면 늙음과 죽음이 멸하고, 시름 슬픔 울음 근심 괴로움 번민을 멸하게 되며, 이리하여 이러한 큰 괴로움의 무더기가 멸하게 되느니라.”

세존께서는 다시 찬탄하며 말씀하셨다.

“훌륭하고 훌륭하다. 만일 너희들이 그렇게 알고 그렇게 본다면, 너희들은 혹 과거에 대해서 '나는 과거에 있었던가, 과거에 없었던가? 어떻게 과거에 있었으며, 무엇으로 말미암아 과거에 있었던가?'라고 그렇게 생각하겠는가?”

“아닙니다, 세존이시여.”

세존께서 찬탄하며 말씀하셨다.

“훌륭하고 훌륭하다. 만일 너희들이 그렇게 알고 그렇게 본다면, 혹 너희들은 미래에 대해서 '내가 미래에 있을 것인가, 내가 미래에 없을 것인가? 어떻게 미래에 있을 것이며, 무엇으로 말미암아 미래에 있을 것인가?'라고 그렇게 생각하겠는가?”

“아닙니다. 세존이시여.”

세존께서 찬탄하며 말씀하셨다.

"훌륭하고 훌륭하다. 만일 너희들이 그렇게 알고 그렇게 본다면, 너희들은 혹 마음에 대해서 '이것은 어떠하고, 이것은 무엇인가? 이 중생들은 어디서 왔으며 어디로 가는가? 어떤 인(因)이 이미 있었고 어떤 인이 있을 것인가?'라고 의혹을 가지겠는가?"

"아닙니다, 세존이시여."

세존께서 찬탄하며 말씀하셨다.

"훌륭하고 훌륭하다. 만일 너희들이 그렇게 알고 그렇게 본다면, 너희들은 혹 일부러 부모를 죽이거나, 부처님의 제자 아라한을 해치거나, 대중의 화합을 부수거나, 나쁜 뜻으로 부처님을 대하거나, 여래의 몸에서 피를 내는 그런 짓을 하겠는가?"

"아닙니다. 세존이시여."

세존께서 찬탄하며 말씀하셨다.

"훌륭하고 훌륭하다. 만일 너희들이 그렇게 알고 그렇게 본다면 너희들은 혹 일부러 계를 범하고 계를 버리거나, 도를 닦다가 그만두겠는가?"

"아닙니다. 세존이시여."

세존께서 찬탄하며 말씀하셨다.

"훌륭하고 훌륭하다. 만일 너희들이 그렇게 알고 그렇게 본다면, 너희들은 혹 이것을 버리고 다시 다른 높은 이와 다른 복밭을 구하겠는가?"

"아닙니다, 세존이시여."

세존께서 찬탄하며 말씀하셨다.

"훌륭하고 훌륭하다. 만일 너희들이 그렇게 알고 그렇게 본다면, 너희들은 혹 사문 범지를 보고 '여러 존자시여, 알 수 있는 것은 알고 볼 수 있는 것은 보시는군요.' 하고 그렇게 말하겠는가?"

"아닙니다. 세존이시여."

세존께서 찬탄하며 말씀하셨다.

"훌륭하고 훌륭하다. 만일 너희들이 그렇게 알고 그렇게 본다면, 너희들은 혹 길상吉祥을 청정하다고 생각하겠는가?"

"아닙니다. 세존이시여."

세존께서 찬탄하며 말씀하셨다.

"훌륭하고 훌륭하다. 만일 너희들이 그렇게 알고 그렇게 본다면, 너희들이 혹 모든 사문 범지를 위해서 길상과 서로 어울리며, 모든 소견에 고통을 섞고 독을 섞으며, 번열煩熱을 섞고 오뇌懊惱를 섞는 것은 진실한 일이겠는가?"

"아닙니다. 세존이시여."

세존께서 찬탄하며 말씀하셨다.

"훌륭하고 훌륭하다. 만일 너희들이 그렇게 알고 그렇게 본다면, 너희들이 혹 몸에 홍역이 나서 몹시 고통스럽고 심지어는 목숨이 끊어지려 할 때에, 이것을 버리고 다른 것을 구해서, 주문呪文 1구句나 2구 3구 4구 다구多句 백 구를 가진 혹 어떤 사문 범지가 있으면, '그 주문으로 내 고통을 없애 주시오.'라고 하며, 이것을 '괴로움의 발생 과 괴로움의 득得과 괴로움의 다함을 구하는 것이다.'라 고 하겠는가?"

"아닙니다. 세존이시여."

세존께서 찬탄하며 말씀하셨다.

"훌륭하고 훌륭하다. 만일 너희들이 그렇게 알고 그렇게 본다면, 너희들은 혹 8유有[48]를 받겠는가?"

"아닙니다. 세존이시여."

세존께서 찬탄하며 말씀하셨다.

"훌륭하고 훌륭하다. 만일 너희들이 그렇게 알고 그렇게 본다면, 너희들은 혹 '우리는 사문을 공경하고 사문을 존

---

[48] 8유(a hama-bhava)는 여덟 번째로 받는 생명을 말한다. 불법에 들 어와 처음 얻게 되는 과위果位인 수다원須陀洹만 얻어도 일곱 번 하 늘과 인간 사이를 왕래하고 다시는 생명을 받지 않는다. 따라서 진실하게 수행하는 자에게는 여덟 번째로 생명을 받는 일이 있을 수 없다.

중하며, 사문 구담은 우리 스승이시다.'라고 이렇게 말하
겠는가?"

"아닙니다. 세존이시여."

"훌륭하고 훌륭하다. 만일 너희들이 스스로 알고, 스스로
보고, 스스로 깨달아, 제일 바른 깨달음을 얻는다면 너희
들은 물음을 따라 대답할 수 있겠는가?"

"그렇습니다. 세존이시여."

세존께서 찬탄하며 말씀하셨다.

"훌륭하고 훌륭하다. 나는 너희들을 바르게 제도해 주려
고 끝까지 사물의 이치를 알아 괴로움도 없고 흥분도 없
으며, 언제나 변하거나 바뀌지 않는 법에 대해서 바른 지
혜로 알고 바른 지혜로 보며, 바른 지혜로 깨닫게 하였
다. 그로 말미암아 나는 이전에 '나는 너희들을 위해 법
을 설명하여 끝까지 사물의 이치를 알아 괴로워하거나
흥분하지 않고, 언제나 변하거나 바뀌지 않는 법에 대해
서 바른 지혜로 알고 바른 지혜로 보며, 바른 지혜로 깨닫
게 하리라.'고 말한 것이니라.

다시 3사事가 모여 어머니 태에 들어간다. 아버지 어머
니가 한곳에 모여 어머니가 정精이 가득해질 때까지 참
고 견디면 향음香陰⁴⁹이 이르게 된다. 이 3사가 서로 모여
어머니 태에 들어가면, 어머니는 태 속에 아홉 달이나 열

달 동안 지니고 있다가 곧 낳는다. 낳은 뒤에는 피로써 기르니, 피란 이 거룩한 법에서는 어머니의 젖을 말하는 것이다.

그 아이는 차츰 모든 근根이 갈수록 커지고 갈수록 성취되어 밥이나 보릿가루를 먹게 되고, 소유蘇油를 몸에 바른다. 그는 눈으로 빛깔을 보아 좋은 빛깔은 좋아하고, 나쁜 빛깔은 싫어하며, 몸을 세우지 않고 못된 마음만 생각하여, 심해탈心解脫과 혜해탈慧解脫을 진실 그대로 알지 못한다.

그래서 그에게서 생기는 착하지 않은 나쁜 법이 남김없이 사라지지도 않고, 남김없이 무너지지도 않는다. 이와 같이 귀 코 혀 몸에 있어서도 또한 그러하며, 뜻으로 법을 알아 좋은 법은 좋아하고 나쁜 법은 싫어하며, 몸을 세우지 않고 못된 마음만 생각하여, 심해탈과 혜해탈을 진실 그대로 알지 못한다. 그래서 그에게서 생기는 착하지 않은 나쁜 법이 남김없이 사라지지도 않고, 남김없이 무너지지도 않는다.

---

49 향음香陰: 죽은 뒤 다음 생을 받기 전까지 존재하는 음陰을 중음中陰 혹은 중유中有라 하며, 중유는 향기를 쫓아 이동하고 향기를 먹는다고 하여 이를 건달바乾闥婆라 하기도 한다. 건달바는 식향食香, 심향尋香, 향음香陰이라 한다.

그는 이와 같이 싫어하고 싫어하지 않는 감각을 따라 혹은 즐거워하고, 혹은 괴로워하며, 혹은 괴로워하지도 즐거워하지도 않는다. 그는 그 감각을 좋아하고 구하고 집착해서 그 감각을 받아들인다. 그 감각을 좋아하고, 구하고 집착해서 그 감각을 받아들인 뒤에는 만일 즐거움을 깨달으면 이것을 수受라 한다.

그래서 수를 인연하여 유有가 있고, 유를 인연하여 생生이 있으며, 생을 인연하여 늙음과 죽음 시름 슬픔 울음 걱정 괴로움 번민이 생기게 되며, 이리하여 이러한 큰 괴로움의 무더기가 생기게 되느니라.

비구들아, 그러면 완전히 애愛에 얽매어 서로 계속하는 것이 저 어부의 아들 다제 비구와 같지 않겠느냐?"

"그렇습니다. 세존이시여. 완전히 애에 얽매어 서로 계속하는 것이 저 어부의 아들 다제 비구와 같습니다."

"비구들아, 어느 때 여래가 세상에 나오면 무소착 등정각 명행성위 선서 세간해 무상사 도법어 천인사 불중우라 호칭〔號〕한다. 그는 눈으로 빛깔을 보아 좋은 빛깔에 대해서도 좋아하지 않고, 나쁜 빛깔에 대해서도 싫어하지 않으며, 몸을 세우고 한량없는 마음을 생각하여 심해탈 혜해탈에 대하여 진실 그대로를 안다.

그래서 그에게서 생기는 착하지 않은 나쁜 법을 남김없

이 멸하고, 남김없이 무너뜨린다. 이와 같이 귀 코 혀 몸에 있어서도 또한 그러하며, 뜻으로 법을 알아 좋은 법에도 집착하지 않고, 나쁜 법이라도 미워하지 않으며, 몸을 세우고 한량없는 마음을 생각하여 심해탈과 혜해탈을 진실 그대로 안다.

그래서 그에게서 생기는 착하지 않은 나쁜 법을 남김없이 멸하고, 남김없이 무너뜨린다. 그는 이렇게 싫어하고 싫어하지 않는 감각을 없애 혹은 즐거워하고 혹은 괴로워하며, 혹은 괴로워하지도 즐거워하지도 않지만, 그는 그 감각을 즐거워하지 않고 구하지도 않으며, 집착하지도 않아서 그 감각을 받아들이지 않는다. 그는 감각을 즐거워하지 않고 구하지도 않으며 집착하지도 않은 뒤에는, 만일 즐거움을 깨달으면 그는 곧 그것을 없애 버린다. 그래서 즐거움이 멸하여 곧 수受가 멸하고, 수가 멸하여 곧 유有가 멸하며, 유가 멸하여 곧 생生이 멸하고, 생이 멸하여 곧 늙음과 죽음이 멸하며, 시름과 슬픔 울음 걱정 괴로움 번민도 멸하게 되고, 이리하여 이러한 큰 괴로움의 무더기가 멸하게 되느니라.

비구들아, 그러면 이것이 완전히 애愛가 다한 해탈이 아니겠느냐?"

"그렇습니다. 세존이시여, 그것은 완전히 애가 다한 해탈일 것입니다.”

이 법을 말씀하실 때 이 삼천대천세계가 세 차례 진동하여 움직이고 모두 움직이며, 떨고 두루 떨며, 울리고 두루 울리었다. 그러므로 이 경經을 '애愛가 다한 해탈(愛盡解脫)'이라 일컬었다.

부처님께서 이렇게 말씀하시자, 모든 비구들은 부처님 말씀을 듣고 기뻐하며 받들어 행하였다.”[50]

선어록의 하나인 『명추회요冥樞會要』[51]에서는 『현식경顯識經』을 인용하여, 중생이 죽은 후에는 다른 몸을 받는다는 사실(윤회한다는 사실)과 식識이 옛 몸을 버리고 새로운 몸을 받기 전, 즉 중음의 상태는 어떠한가에 대해서 말하고 있다.

“顯識經云하시되 大藥白佛言하시니 云何識離於身 하여便速受身이니까 識捨故身하고 新身未受하여 當爾之時에識作何相이니까 佛言하시되 大藥아 如有丈夫가 長臂勇健

50 한글대장경 『중아함경 3』, pp.279~291, 중아함경 제54권(no. 201), 『嗏帝經』, 동국역경원.

51 회당조심(晦堂祖心, 1025~1100) 선사가 영명연수永明延壽 선사의 『종경록宗鏡錄』에서 중요한 부분을 뽑아 엮은 책.

하여 着堅甲胄하고 馬疾如風하여 乘以入陣하고 干戈旣交
하여 心亂墜馬하나 武藝勁捷하여 還卽跳上하나니 識棄於
身하여 速卽受身함도 亦復如是니라 又如怯人이 見敵怖
懼하여 乘馬退走하니 識資善業하여 見天父母同座而坐하
고 速託生彼함도 亦復如是니라 大藥아 如汝所問하니 識
棄故身하고 新身未受하여 當爾之時에 識作何相인가 大
藥아 譬如人影現於水中에 無質可取니 手足面目及諸形
狀이 與人不異하여 體質事業이 影中皆無하고 無冷無熱
及與諸觸하며 亦無疲乏肉段諸大하고 無言音聲苦樂之
聲하니 識棄故身하고 新身未受相도 亦復如是니라"

『현식경顯識經』에 이르기를, 대약보살이 부처님께 여쭈
었다.

"어째서 식識은 몸에서 떠나면 빨리 다른 몸을 받습니까?
식이 옛 몸을 버리고 새 몸을 아직 받지 않은 이런 때에는
어떤 모습을 하고 있습니까?"

부처님께서 대약보살에게 말씀하셨다.

"어떤 장부가 팔이 길며 용감하고 건장하여 튼튼한 갑옷
과 투구를 쓰고 말을 타고 바람처럼 빠르게 진陣에 들어
가 방패와 창으로 싸우다가 마음이 산란해져 말에서 떨
어졌지만 무예가 강하고 빨라 다시 바로 말에 뛰어 타듯

이 식이 몸을 버리고 빨리 몸을 받는 것도 이와 같다. 또 마치 겁 많은 사람이 적을 보고 무서워서 말을 타고 도망가는 것처럼 식이 선업을 많이 쌓아 천상의 부모가 한자리에 앉아 있는 것을 보고 재빠르게 그들에게 생을 의탁하는 것도 이와 같다. 대약이여, 너는 식이 옛 몸을 버리고 새 몸을 아직 받지 않은 이런 때에는 어떤 모습을 하고 있느냐고 물었다. 대약이여, 비유하면 사람의 그림자가 물속에 나타날 때, 취할 수 있는 형질은 없지만, 손·발·얼굴·눈과 모든 형상이 사람과 다르지 않은 것처럼 본체의 형질과 사업事業이 그림자 중에는 전혀 없고, 차가움이나 뜨거움 그리고 모든 촉감이 없으며, 피로를 느끼는 몸 덩어리의 모든 4대四大도 없고, 말소리와 괴롭고 즐거운 소리도 없다. 식이 옛 몸을 버리고 새 몸을 아직 받지 않았을 때의 모습도 이와 같다."[52]

사후死後에 중음에서 12연기로 인해 윤회하는 중생과 다르게, 수행으로 자신의 업을 정화하고 죽음 이전에 의생신을 성취한 수행자는 육도윤회에서 벗어나 궁극적으로는 부

[52] 『명추회요冥樞會要』제75권 8판, CBETA 漢文大藏經. http://tripitaka.cbeta.org

처에 이르게 된다.『능가경』에서 이런 내용을 말하는 구절을
보자.

❁

"若心及與意와 諸識不起者는 卽得意生身하고 亦得於佛
地니라"

"만약 심(제8아뢰야식)과 의(제7말나식)와 여러 식識이 일
어나지 않는 사람은 곧 의생신을 얻고 또한 부처의 경지
(佛地)를 얻느니라."[53]

위 글에서 심(제8아뢰야식)과 의(제7말나식)와 여러 식識이
일어나지 않는다는 것은 앞에서 언급한 중음에서 여러 환영
과 경계가 일어나지 않아서 고통 받고 육도윤회에 떨어지지
않는다는 것을 의미한다.
　아래는 수행으로 업을 정화하고 의생신을 얻은 경지에 대
한『능가경』의 구절이다.

❁

"大慧여 云何得離生住滅見고 所謂觀一切法如幻夢生이
니 自他及俱皆不生故요 隨自心量之所現故요 見外物無

53　대정장大正藏 권16 大乘入楞伽經 卷第六 偈頌品 第十之初

有故요 見諸識不起故요 及衆緣無積故요 分別因緣起三界故이다 如是觀時에 若內若外에 一切諸法皆不可得하며 知無體實하여 遠離生見하고 證如幻性하여 即時逮得無生法忍하고 住第八地하여 了心意意識五法自性二無我境하여 轉所依止하여 獲意生身이니라

大慧言 世尊이시여 以何因緣名意生身고 佛言 大慧여 意生身者란 譬如意去速迭無礙하여 名意生身이니라 大慧여 譬如心意於無量百千由旬之外에 憶先所見種種諸物하여 念念相續으로 迭詣於彼하나니 非是其身及山河石壁所能爲礙하니라 意生身者란 亦不如是하여 如幻三昧力通自在諸相莊嚴하니 憶本成就衆生願故니라 猶如意去生於一切諸聖衆中하니 是名菩薩摩訶薩得遠離於生住滅見하니라"

"대혜여! 무엇을 생주멸生住滅의 견해(見)을 멀리 떠남이라 하는가? 소위 모든 것을 허깨비(幻)와 꿈이 일으키는(生) 것과 같다고 보는 것이니, 자타가 모두 생하지 않는 까닭이며, 자신의 마음이 헤아리는 대로 나타나는 까닭이며, 바깥 사물이 없다고 보는 까닭이며, 모든 식이 일어나지 않는다고 보는 까닭이며, 또 여러 연緣이 쌓이지 않는 까닭이며, 분별의 인연으로 삼계가 일어나는 까닭

이다.

이와 같이 볼 때에 혹은 안, 혹은 밖의 모든 것은 다 얻을 수 없으며, 실체와 진실이 없음을 알아 생한다는 견해를 멀리 떠나고 허깨비 같다는 성품(如幻性)을 증득하여 곧 무생법인無生法忍을 얻고 보살 제8지에 머물러 심心, 의意, 의식意識과 오법자성五法自性과 이무아二無我의 경계를 요달하고 의지하는 것을 바꾸어 의생신을 얻느니라."

대혜가 말하였다.

"세존이시여! 어떤 인연으로 의생신이라 이름하나이까?"

부처님께서 말씀하셨다.

"대혜여! 의생신이란, 비유하면 생각이 움직임이 빠르고 걸림이 없는 것과 같아 의생신이라 이름하나니라. 대혜여! 비유하면 심의心意는 한량없는 백천 유순[54]의 밖에서도 먼저 보았던 가지가지 여러 사물을 기억하고 생각이 이어져 재빨리 그곳에 이르나니, 그 몸과 산하석벽이 능히 장애하지 못하는 것과 같다.

의생신도 또한 이와 같아, 여환삼매의 힘으로 신통자재하여 여러 상을 장엄하나니 본래 중생의 원願을 성취시

---

54 유순由旬: 범어 yiana의 음역으로, 고대 인도에서 사용된 거리의 단위이다. 왕이 하루에 걷는 거리를 말하여 대략 12~15km쯤이다.

키는 것을 상기(憶)하는 까닭이니라. 마치 의意가 모든 성중 가운데 가서 생하는 것과 같나니라. 이를 이름하여 '보살마하살이 생주멸의 견해를 멀리 떠남을 얻었다'고 한다."[55]

위와 같이 『몽산법어』에서도, 『능가경』에서도, 남방 빨리어 경전인 『싸만냐팔라경』에서도 수행 과정상 의생신을 성취해야 함을 말하고 있다. 『몽산법어』에서는 이 의생신을 성취한 후에 묘응신妙應身과 신신信身을 성취해야 함을 말하고 있는데, 이 의생신, 신신, 묘응신을 다른 말로 하면 법신法身, 보신報身, 화신化身이 된다.[56]

의생신이 곧 법신이라는 것은 아래의 『능가경』 구절을 보면 알 수 있다.

"佛言하시니 諦聽하라 當爲汝說하리라 大慧여 我說如來 非是無法이고 亦非攝取不生不滅이라 亦不待緣하며 亦非 無義이라 我說無生卽是如來이고 意生身法身別異之名

---

55 대정장大正藏 권16 大乘入楞伽經 卷第二 集一切法品 第二之二

56 『능가경』에서 mano-maya-dharma kaya를 의생법신意生法身, 또는 법신法身이라고 번역했다.(『梵韓大辭典』, p.1155, 전수태 著, 대한교육문화신문출판부)

이라 一切外道聲聞緣覺七地菩薩不了其義하니라 大慧여
譬如帝釋地及虛空乃至手足이 隨——物各有多名이나
非以名多而有多體이며 亦非無體니라 大慧여 我亦如是하
니 於此娑婆世界에 有三阿僧祇白千名號하나니 諸凡愚
人雖聞雖說하나 而不知是如來異名이니라"

"부처님께서 말씀하시기를, 자세히 들어라! 마땅히 너를
위해 설하리라. 대혜여! 내가 설한 여래란 없는 존재가 아
니며, 또한 '불생불멸'을 취한 것도 아니다. 또한 연을 기
다리는 것도 아니며, 또한 '없다'는 뜻도 아니다. 내가 설
하는 무생無生이 곧 여래니라.

의생신, 법신은 다른 이름(異名)이다. 모든 외도와 성문,
연각, 7지보살은 그 뜻을 알지 못하니라.

대혜여! 비유하면 제석, 땅, 허공 내지 손과 발이 하나 하
나의 사물을 따라서 각각 여러 이름이 있으나 이름이 많
다고 해서 여러 체(體)가 있는 것이 아니며 또한 체가 없
는 것도 아닌 것과 같다. 대혜여! 나 또한 이와 같으니, 이
사바세계에 삼아승지백천의 명호가 있나니 모든 범부와
어리석은 이들은 비록 듣고 비록 설說하나 여래의 다른
이름인 것을 알지 못한다."[57]

---

57 대정장大正藏 권16 大乘入楞伽經 卷第五 無常品 第三之餘

곧 『몽산법어』에서는 3신인 법신, 보신, 화신을 성취해야 우리 수행자가 성취해야 될 목적인 윤회에서 벗어나 부처가 되는 것임을 말하고 있다.

인도에서 중국으로 불교가 전해질 때, 히말라야를 사이에 두고 문화와 기후, 생활습관, 정신세계 등 모든 것이 다른 중국인을 불교라는 심오한 깨달음의 종교에 귀의시키는 것이 너무나 어려워서 서역과 중국의 역경법사들은 무척 고심했다. 기존의 도교와 유교라는 종교와 사상을 가진 중국인들은 새로운 종교와 사상을 쉽게 받아들이지 않았다. 불교는 도교와 유교의 배불론排佛論에 공격당했으며, 심지어 사찰을 무너뜨리고 스님들을 강제로 환속시키는 '3무1종三武一宗'[58]의 폐불廢佛이라는 역사적 사건도 있었다.

그러자 도교인 노장사상과 불교의 공사상이 약간 유사한 점이 있는 것을 알고 '격의불교格義佛敎'를 중국인들에게 설파하기도 하였고, 유교의 사상과 최대한 충돌하지 않도록 포교하려는 생각도 가졌다. 그래서 『부모은중경』과 같은 경전

---

58 삼무일종법난三武一宗法難은 중국에서 일어난 네 차례의 극심한 불교 탄압을 말한다. 삼무三武는 북위北魏의 태무제(太武帝, 재위 423~452), 북주北周의 무제(武帝, 재위 560~578), 당唐의 무종(武宗, 재위 840~846)을, 일종一宗은 후주後周의 세종(世宗, 재위 954~959)을 가리킨다.

이 중국에서 만들어지기도 하였다.

그 당시 중국 유교는 맹자孟子의 성선설性善說과 순자荀子의 성악설性惡說이라는 인간의 본성인 성품에 대한 논의가 활발했는데, 역경사들은 이를 알고 범어 'buddha dhātu'를 '불성佛性'으로 의역意譯했다.

사실 'buddha'는 '깨달은 자, 부처'라는 뜻이고, 'dhātu'는 '① 성분, 요소, ② 계界, 땅 또는 산山의 요소'[59]라는 뜻으로, 'buddha-dhātu'는 '부처를 이루는 요소', 즉 '부처가 되는 조건'을 뜻한다.

그리고 부처가 되는 조건으로는 3신三身과 4지四智의 성취를 말하는 것인데, 중국에 번역되면서, 불성佛性을 증득한다고 하면, 우리의 마음, 즉 성품을 깨닫는다는 잘못된 관념을 중국인과 한국인 등의 동북아시아인들에게 심어주게 되었다.

부처가 되려면 갖추어야 할 것은, 3신三身인 법신法身, 보신報身, 화신化身과 4지四智인 대원경지大圓鏡智, 평등성지平等性智, 묘관찰지妙觀察智, 성소작지成所作智다.

또 『몽산법어』에서 의생신과 묘응신妙應身, 신신信身의 성취를 이야기하고 『능가경』과 빨리어 경전인 『싸만나팔라

---

59 『梵韓大辭典』, p.737, 전수태 著, 대한교육문화신문출판부

경』과『청정도론』에서 의생신을 이야기한 이유를 생각해 보
면, 3신 중에 처음 성취해야 할 법신, 즉 의생신을 강조한 이
유를 알 수 있을 것이다.

『능가경』에서는 의생신이 3가지가 있음을 밝히고 있다.
이것은 수행이 익어가면서 의생신이 좀 더 높은 차원으로
변하는 것을 의미하는데, 법신을 성취한 후에 보신을 성취
하고, 다음에는 화신을 성취함을 말하는 것임을 추정할 수
있다.

이를 뒷받침하는, 의생신도 수행의 정도에 따른 차별이 있
다는 것을『능가경』의 구절을 통해서 보자.

"佛言 大慧여 意成身有三種하니 何者爲三인가 謂入三昧
樂意成身과 覺法自性意成身과 種類俱生無作行意成身
이니 諸修行者入初地已漸次證得하니라 大慧여 云何入三
昧樂意成身인가 謂三四五地入於三昧하여 離種種心寂
然不動하고 海不起轉識波浪하며 了境心現皆無所有함을
是名入三昧樂意成身하니라 云何覺法自性意成身인가 謂
八地中에 了法如幻皆無有相하고 心轉所依하여 住如幻
定及餘三昧하여 能現無量自在神通함이 如花開敷速迭
如意하며 如幻如夢如影如像하고 非四大造이나 與造相似

하여 一切色相具足莊嚴하며 普入佛刹了諸法性함을 是名
覺法自性意成身하니라 云何種類俱生無作行意成身인가
謂了達諸佛自證法相함을 是名種類俱生無作行意成身하
니라 大慧여 三種身相當勤觀察하니라"

"부처님께서 말씀하셨다. 대혜여! 의성신에는 세 가지가
있나니 무엇이 세 가지인가 하면, 입삼매락의성신, 각법
자성의성신, 종류구생무작행의성신이니, 여러 수행자가
보살 초지에 들면서부터 점차 증득한다.

대혜여! 무엇을 입삼매락의성신이라 하는가? 보살 3,4,5
지에서 삼매에 들어 갖가지 마음을 떠나 고요히 움직이
지 않고 심해心海에 전식(轉識, 현재 작용하고 있는 識. 제8
아뢰야식을 제외한 다른 7가지의 識)의 파랑波浪이 일어나
지 않으며, 경계가 마음에서 나타난 것이라서 모두 없는
것임을 깨달음을 이름하여 입삼매락의성신이라 한다.

무엇을 각법자성의성신이라 하는가? 보살 제8지에서 모
든 존재가 환幻과 같아 모두 무상無相임을 깨닫고 심식
心識에서 전의轉依[60]하여 여환삼매如幻三昧와 여삼매餘三

---

60 전의轉依: 의지依止하는 바(소의所依)를 변환(전轉). 의지依止하는
바(소의所依)라고 하는 것은 모든 마음의 작용은 제8아뢰야식을
의지하므로, 그 제8아뢰야식의 전(轉, 변환)을 전의轉依라고 함.

昧[61]에 머물러 능히 무량한 자재신통을 나타냄이, 꽃 피어 나듯 신속 여의함과 같으며, 환과 같고 꿈과 같고 그림자 와 같고 (거울이나 물에 비친) 모습과 같아서 사대四大로 이루어진 것이 아니지만, 사대로 이루어진 듯이 일체 색 상을 구족해서 장엄하며, 널리 불찰(佛刹, 불국토)에 들어 가 모든 법성(法性, 모든 존재의 본성, 본질)을 깨닫나니, 이 를 이름하여 각법자성의성신이라 한다.

무엇을 종류구생무작행의생신이라 하는가? 모든 부처님 께서 스스로 증득한 법상(法相, 모든 존재의 모습, 특질)을 요달了達한 것을 말하나니 이를 이름하여 종류구생무작 행의성신이라 하느니라.

대혜여! 세 가지 신상身相에 대해 마땅히 부지런히 관찰 하여야 한다."[62]

우리는 화신化身을 이야기할 때 '천백억 화신석가모니불' 이란 말을 쓴다. 화신은 천백억의 몸을 나툰다는 말이다.

---

61   여삼매餘三昧: 보살 제8지에서 얻어지는 여환삼매如幻三昧를 넘어 보살 제9지이상에서 얻어지는 삼매. 여삼매는 보살 제8지다음에 불지(佛地, 부처님의 경지)에 이르기 전의 마지막 남은(餘) 삼매라 서 여삼매라고 부름.

62   대정장大正藏 권16 大乘入楞伽經 卷第四 無常品 第三之一

『법화경』의 관세음보살보문품을 보면, 관세음보살은 어떤 국토의 중생을 부처님의 몸으로 제도할 이에게는 관세음보살이 곧 부처님의 몸을 나타내어 법을 설하고, 벽지불의 몸으로 제도할 이에게는 곧 벽지불의 몸을 나타내어 법을 설하고, 범왕의 몸으로 제도할 이에게는 곧 범왕의 몸을 나타내어 법을 설하고, 거사의 몸으로 제도할 이에게는 곧 거사의 몸을 나타내어 법을 설하고 또 하늘, 용, 야차, 건달바, 아수라, 가루라, 긴나라, 마후라가, 사람과 사람 아닌 이들의 몸으로 제도할 이에게는 곧 그들의 몸을 나타내어 법을 설한다고 되어 있다.

이것은 관세음보살은 32응신應身, 곧 32화신化身을 나투어 중생을 제도한다는 뜻이다.

이와 같은 이야기가 남방불교 논서인 『청정도론』에도 나온다.

"그는 그 범천의 면전에서 마음으로 이루어졌고, 사지를 모두 갖추었고, 감각기능(根)이 구족한 형상을 창조한다. 만약 신통을 가진 자가 경행하면 그 창조된 몸도 그곳에서 경행한다. 만약 그 신통을 가진 자가 서 있으면 … 앉아 있으면 … 누워 있으면 그 창조된 몸도 그곳에서 누워 있다. (중략) 만약 그 신통을 가진 자가 그 범천과 함께 서

있거나, 이야기를 하거나, 토론을 하면 그 창조된 몸도 그 곳에서 그 범천과 함께 서 있고, 이야기하고, 토론을 한 다. 신통을 가진 자가 하는 대로 그 창조된 몸도 그와 같 이 한다."[63](Ps. ii 209-10)

지금까지 살펴본 바에 따르면, 인간의 육신이 죽은 후에 의생신이 만들어지는데, 평소에 수행을 통해서 죽음을 겪지 않아도 의생신을 성취할 수 있다. 죽음 이후에 만들어진 의 생신은 중음신中陰身으로, 이 중음신은 인간의 육신과 같은 거친 몸이 아니라, 에너지(다른 용어로 풍風, 불교수행을 도가 수행인 기공氣功과 구별하기 위해 기氣라는 말보다는 풍風이라는 용어를 사용함)로 만들어진 미세한 몸이다.

이 에너지로 만들어진 중음신은 물질이 아니라서, 벽을 통 과할 수 있고, 어디든지 생각을 일으키면 빨리 이동도 가능 하다.

임사체험(NDE; Near Death Experience)에 관한 연구가 서 양에서는 활발히 이루어지고 있는데, 많은 임사체험자들은 공통적으로 죽은 후 공중에 부양한 상태로 자신의 육체를 보

---

63 『청정도론 2』, p.336, 대림 스님 옮김, 초기불전연구원.

았으며, 어느 곳이든지 가고 싶다는 생각을 일으키면 즉각 그곳에 이동하는 능력을 갖고 있다고 체험으로 이야기한다.

이것은 중음신(=의생신)은 시간과 공간을 초월하는 능력을 갖추고 있다는 말로, 『티베트 사자의 서』에서는 살아생전에 자신의 육체가 장애를 가져서 청각이나 시각 등 장애가 있어도, 중음의 상태에서는 보거나 듣거나 등 모든 장애가 없고, 5가지의 신통이 있다고 한다. 중음신이 가진 5가지 신통은 천안통天眼通, 천이통天耳通, 타심통他心通, 숙명통宿命通, 신족통神足通으로 벽이나 사물을 투시透視하는 능력(천안통), 보통 사람이 들을 수 없는 소리를 듣는 능력(천이통), 다른 사람이나 생물의 생각을 읽을 수 있는 능력(타심통), 전생을 알 수 있는 능력(숙명통), 중음신의 몸을 생각대로 변화시키거나 공간 이동을 할 수 있는 능력(신족통)이다.

단, 이 5가지 능력은 모든 망자의 중음신이 조금씩은 가지고 있으나, 살아생전의 수행과 업에 따라 활용할 수 있는 정도는 각자 다르다.

그래서 수행이 없이 죽은 망자의 중음신은 업이 정화되지 않아 자신이 생전生前에 지은 업에 따라 환영과 망상에 시달리게 되고, 이에 의해서 육도윤회하게 되지만, 살아생전에 의생신(=법신)을 성취하고, 수행으로 업을 정화淨化한 수행자는 중음상태에서 자신의 업에 의한 환영과 망상에 고통 받지 않고 나아가서는 해탈을 이루게 된다.

이렇게 중음에서 해탈을 이룰 수 있는 수행 방편을 설說해 놓은 것이 『티베트 사자의 서』이고, 살아생전에 수행으로 중음을 실현해서(물론 육체는 살아 있지만, 의식만 중음의 의식상태로) 의생신을 성취해 나가는 것이다.

티베트의 수행 전통에서는 의생신을 '환신幻身'이라고도 하는데, 이를 성취하는 것을 수행의 중요한 과정으로 설정하고 있다.

이와 관련된 티베트 불교의 관점을 보자.

"'환신幻身'은 모든 수행 중에서 가장 어렵다고 여겨지는 단계이다. '환신'이란 인간이 죽은 다음의 생명 형태로, 이 세상에 환생할 때까지의 중간, 즉 '중유中有, 바르도bar do'의 상태를 말한다. '무지개 신체 규뤼sGyus lus'라고도 불린다. 덧붙여, 모든 생명은 죽음의 순간에 이미 다음 생명의 형태를 한 '환신'으로 바뀐 채 '중유'의 기간을 보낸 뒤, 마침내 이 세상에서 생명을 받는다. 이러한 내용은 『구사론』 제3장에 명시되어 있다. '환신'은 '환신'끼리 서로 상대를 알아볼 수 있지만 보통의 인간에게는 보이지 않는다. 단 '환신'을 성취한 수행자는 '환신'을 볼 수 있다. 또한 '환신'을 성취한 자는 죽음의 순간에 전생

의 '업'에 제약을 받지 않으며, 자유자재로 내세를 얻을
수 있다고 한다.

'환신'은 대체 어떠한 것일까.『지혜금강집智慧金剛集』에
서는 다음과 같이 이야기한다.

① 풍風과 마음(心)만으로 만들어지기 때문에 '환인幻人'
과 같다.

② 어디에도 널리 존재하므로 '물에 비친 달'과 같다.

③ 육신(肉)과 뼈(骨)를 벗어나 존재하므로 사람의 '그림
자'와 같다.

④ 찰나에 움직이므로 '아지랑이'와 같다.

⑤ 꿈속에서 보는 '몽신夢身'과 같다.

⑥ 실체는 여기에 있는데 다른 장소에 나타나는 '반향(메
아리)'과 같다.

⑦ '신기루'와 같다.

⑧ 하나임에도 많은 모습을 갖고 있으므로 '마술'과도
같다.

⑨ 물질적 존재에 더럽혀지지 않고 섞이지 않은 채로 나
타나므로 '무지개'와 같다.

⑩ 육체 안에 있는 것은 '구름 속의 우레'와 같다.

⑪ 공空의 상태에서 홀연히 출현하는 점은 맑은 청수에
서 '거품(포말)'이 생기는 것과 같다

⑫ 일체가 완벽한 점은 거울 속에 '지금강의 영상'이 출현하는 것과 같다."[64]

이러한 중음신(=의생신)이 곧 법신이고, 이 법신이 수행상으로 더욱 고차원적으로 변화된 것이 보신이며, 이 보신이 더욱 진보하여 변화한 것이 화신이라면, 석가모니 부처님이 천백억화신을 나투고, 관세음보살이 32응신을 나타낸다고 하는 것이 논리적으로 이해될 것이다.

따라서 살아생전에 수행으로 의생신(=법신)을 성취하고, 더 나아가서 보신과 화신을 성취하는 것이 부처가 되는 조건이다는 이론은 어떠한 모순도 없게 된다.

법신을 성취한 후에 차례대로 보신과 화신을 성취하게 된다는 내용은 『능가경』에서 찾아볼 수 있다.

"藏識若淸淨하면 諸識浪不生하며 依法身有報하고 從報起化身이라"

"장식(제8아뢰야식)이 만약 청정하면, 모든 식의 파도가

---

64 『티벳 밀교-역사와 수행』, pp.154~156, 출팀 깰상, 마사키 아키라 공저, 차상엽 옮김, 씨아이알.

생기지 않으며 법신에 의지하여 보신이 있게 되고 보신에
따라서 화신이 나온다."[65]

달라이 라마 존자님의 법문에 나타난, 중음의 의식 상태를
통한 수행법과 살아생전에 의생신, 즉 환신幻身을 성취하는
방법에 대해 알아보자.

"최상승 탄트라의 관상 단계와 완성 단계를 다 마치면 이
생에서의 깨달음은 확실합니다. 비록 관상 단계만 마친
다 하더라도 이생의 모든 목적은 완수되는 것이고, 죽음
의 순간이나 중음 상태에서 위대한 깨달음이 이루어질
가능성도 있는 것입니다. 관상 단계에서는 '신의 긍지의
신격 요가'와 '빛나는 모습의 신격 요가'를 수행하는데
'죽음의 맑은 빛[66]을 법신法身으로, 사후 중음 상태를 응
신應身으로, 환생을 부처의 화신化身으로 보는' 명상 상태
와 관련지어 수행합니다.
이렇게 하면 완성 단계의 고차원적인 탄트라 요가에 대

---

65   대정장大正藏 권16 大乘入楞伽經 卷第七 偈頌品 第十之二
66   임종자가 죽음에 이르는 과정 중에서 정광명淨光明을 말함(도표 2
      참조).

한 준비도 되고 부처의 완성된 삼신三身을 얻는 씨앗도 심는 것입니다. 후에 완성 단계의 요가를 실행할 때 이 씨앗이 성숙하여 실제 세 가지 부처의 영역이 탄생할 것입니다.

죽음이 오기 전에 최상승 탄트라의 두 번째 단계인 완성 단계를 미처 끝내지 못했다면, 관상 단계에서 수련한 죽음의 맑은 빛을 법신으로 보고, 사후 중음 상태를 응신으로 보고, 환생을 부처의 화신으로 보는 수행이 위대한 깨달음을 증득할 수 있는 세 번의 기회를 죽음의 순간 주어 미래의 진화를 자기 마음대로 할 수 있게 해줄 것입니다. 뿐만 아니라 관상 단계의 여러 가지 요가를 다 닦으면 중생을 돕기 위해 만달라의 탄트라 행을 여러 가지 할 수 있게 됩니다. 신격 요가의 수행은 광대하고 심오하여 부처님의 모든 가르침과 우리가 살면서 마주치게 될 모든 상황을 다 포함하고 있습니다.

관상 단계의 요가에 능하다는 것은 완성 단계 요가 학교에 등록할 수 있는 입학 허가서가 나온 것과 같습니다. 완성 단계 수행에 전적으로 들어가기 전에 관상 단계 만달라 명상의 현묘한 차원을 이룰 수는 없다 하더라도 적어도 조야한 차원의 관상 단계 명상은 할 수 있어야 합니다. 또한 관상 단계 수련 기간 내내 일부 완성 단계 명상을 수행하는 전통이 있는데 이는 차후 학습할 과제와 친숙하게 한다는 뜻도 있고, 또 완성 단계 요가를 집중적으로 수련할 때 도움이 될 본능적 감각을 마음의 흐름에 미리 심어 놓는다는 뜻도 있습니다.

최상승 탄트라 중 헤루카, 구히사마쟈, 칼라챠크라, 헤바즈라, 야만타카 탄트라 같은 것은 몸을 바탕으로 한 탄트라 명상법을 가르쳐 몸의 생명 에너지를 자유자재로 다스려 중맥으로 흘러가게 하고자 하는 것입니다. 그때 이 에너지는 몸의 각 부분에 있는, 여러 개의 에너지 맥이 만나는 챠크라에 집중되고, 그때 에너지가 자유로이 흐르는 것을 막는 막힘이나 매듭이 풀립니다. 이때 우리 몸이 원래 생겨난 근원인 양과 음의 유전적 물질로 구성된 원초적 묘액妙液을 우리는 마음대로 다스릴 수 있게 되고 이를 챠크라로 가져가 그곳을 청정하게 하고 활성화할 수 있습니다. 이것이 바로 '맥-액-생명 에너지'라는 뜻을 가진 '차틱룽' 수행법입니다. 탄트라의 관점에서 보면 몸의 생명 에너지는 바로 마음이 타고 가는 수레(乘)입니다. 생명 에너지가 청정하고 현묘할 때 우리의 마음 상태도 청정하고 현묘해집니다. 몸의 에너지를 전환함으로써 의식의 상태 역시 전환되는 것입니다.

차틱룽 수행법은 어떻게 사용하는 것일까요? 생명 에너

지를 중맥으로 보내 원초적인 음 양의 신비한 액체를 얻는데, 음의 묘액은 단전 챠크라에서, 양의 묘액은 머리 정수리 챠크라에서 얻습니다. 다음 가슴에 있는 챠크라에서 이를 하나로 합일시킵니다. 이때 생성되는 현묘한 차원의 의식이 공의 지혜라는 본질 안에서 일어나도록 합니다. 이런 현묘한 차원에서 하루 동안 행한 명상은 기존 명상을 몇 년 동안 한 것보다 더 효과적입니다. 그러므로 금강승에서는 전통적인 현교승에서 일생이 걸리는 것을 단 몇 년 만에 이룬다고 하는 것입니다.

일체지의 붓다의 경지를 증득하기 위해 우리는 부처의 마음과 몸이라는 인因을 얻어야 합니다. 현교승에서는 부처의 몸이라는 인은 육바라밀의 완성이고 부처의 법신의 인은 공에 관한 명상입니다. 이 모든 것을 다 보통의 몸의 상태와 마음의 상태에서 행하는 것입니다. 최상승 탄트라에서는 먼저 환영의 몸이라는 현묘한 에너지의 근간을 만들고, 맑은 빛의 마음이라는 현묘한 의식을 일으킵니다. 이때 마음이 타고 가는 수레인 현묘한 에너지와 명상 중 우리가 현묘한 의식을 집중하는 이미지가 부처의 응신應身의 인이 되는 것이고, 현묘한 의식과 공에 대한 삼매三昧가 바로 법신의 인이 되는 것입니다.

현묘한 에너지가 환영의 무지개 몸으로 일어나도록 하

고, 그 다음에 거기서 생성된 현묘한 의식이 오직 여여如如함만을 인식하도록 하는 것입니다. 이것이 바로 차틱룽 수행의 목적입니다. 탄트라 수행으로 이생에서 위대한 깨달음을 얻는 것의 정점은 원초적인 현묘한 마음을 실현하는 데 있습니다. 이러한 맑은 빛의 마음, 원초적 현묘한 마음을 근간으로 해서 이생에서의 성불이 칼라챠크라(時輪)같은 특별 탄트라나 헤루카, 구히사마쟈 같은 대중적 탄트라를 통해 쉽게 이루어질 수 있습니다. 심지어는 깨달음의 상태를 이룸에 있어, 아무것도 남기지 않을 수도 있습니다. 우리가 가진 보통 사람의 육체적 몸이 신비한 무지개 몸으로 전환되는 거죠. 이런 상태를 증득한 위대한 요기의 예와 일화는 많습니다. 이들이 죽으면 그 몸은 무지개로 변해 사라지고 뒤에 남는 것은 다만 머리카락과 손톱, 발톱뿐입니다."[67]

그리하여 의생신을 얻는다는 점에서 보면, 수행의 과정과 죽음의 과정이 다르지 않다는 것을 알 수 있는데, 죽음의 과정은 앞에서 언급했듯이, 색온(지대) → 수온(수대) → 상온

---

67   『깨달음의 길』, pp.255~258, 달라이 라마 지음, 진우기, 신진욱 옮김, 부디스트웹닷컴.

(화대) → 행온(풍대) → 식온(공대) → 현명 → 현명증휘 →
현명근득 → 정광명 → 의생신 성취라면, 색온(지대) → 수온
(수대) → 상온(화대) → 행온(풍대) → 식온(공대) → 현명(白
光) → 현명증휘(赤光) → 현명근득(黑光) → 정광명(투명한
빛) → 의생신 성취의 과정도 죽음이 아닌 수행을 통해서도
똑같이 체험해야 된다. 단, 육신이 죽지 않고 정신적인 체험
을 해야 죽음의 과정과 수행의 과정이 다르지 않다는 이론이
철저히 옳게 된다.

몽산법어를 통해서 본 수행의 과정

그래서 『몽산법어』를 다시 자세히 보면 우리는 죽음의 과정
에서 나타나는 경계와 수행의 과정에 나타나는 경계가 같은
것임을 확인할 수 있다.

"趁逐工夫하여 始終에 不離靜淨二字하리니 靜極하면 便
覺하고 淨極하면 光이 通達하느니라"

"공부를 해나감에 처음부터 끝까지 고요할 정靜과 맑을
정淨 두 자字를 여의지 말지니, 고요함(靜)이 지극하면 곧
깨칠 것이고, 맑음(淨)이 지극하면 광명(光)이 통달하느

니라.”

여기에서 “靜極하면 便覺하고 淨極하면 光이 通達하느니
라”라는 부분을 보면, 화두 참구가 잘 이루어져서 선정에 들
면 고요하며(靜) 맑아지고(淨), “고요함이 지극하면 곧 깨칠
것이고, 맑음이 지극하면 光(빛)이 통달한다.”라고 해석했는
데, “光(빛)이 통달한다”는 부분이 단순히 비유적인 의미가
아닐 수 있다고 생각해 볼 수 있다.

그 다음에 나오는 부분을 보면,

“氣肅風淸하여 動靜境界가 如秋天相似時가 是第一箇程
節이니 便宜乘時進步이니라”

“기운(氣)이 엄숙하고 바람이 맑아서 동정動靜 경계가 마
치 가을 하늘 같을 때, 이것이 첫 번째 정절程節이니, 곧 마
땅히 그 때를 타서 나아갈지니라.”

여기서, 왜 이 경계를 가을 하늘 같다고 했을까? 만약 이렇
게 표현한 것을 단순한 비유라고 한다면, 말의 표현에는 수
십만 가지가 있을 수 있는데, 어떻게 하필이면 『티베트 사
자의 서』에 나오는 가을 하늘의 표현과 정확히 일치할 수 있

을까?

이것은 단순히 우연의 일치가 아니라, 인간이 수행하면, 근기에 따라 빠르고 늦음의 차이가 있을 뿐, 수행의 과정은 모두 같아야 된다. 수행의 과정이 모두 다르다면, 부처님께서는 우리들 중생에게 수행을 가르칠 수 없다. 부처님께서 수행한 과정과 우리가 수행해서 나아가는 과정은, 부처님도 5온으로 이루어진 우리와 같은 태생胎生의 몸이었으므로 같을 수밖에 없고, 또 같다. 그래서 앞의 도표 2와 비교해서 생각해보면 첫 번째 정절인 가을 하늘과 같은 경계는 현명(白光)의 단계를 나타내었음을 알 수 있다.

『몽산법어』의 그 다음 경계를 보자.

"如澄秋野水하며 如古廟裏香爐相似하고 寂寂惺惺하여 心路不行時에 亦不知有幻身이 在人間하고 但見箇話頭 綿綿不絶하리니 到這裏하여서는 塵將息而光將發하리니 是第二箇程節이니라 於斯에 若生知覺心하면 則斷純一之 妙하리니 大害也이니라"

"마치 맑은 가을 들물 같으며, 옛 사당 안의 향로 같고, 적적寂寂하고 성성惺惺하여 마음길이 끊어졌을 때에, 또한 허깨비 같은 몸이 인간세계에 있는 것도 모르고 다만 화두만 면면綿綿히 끊어지지 않음을 보리니, 이 속에 이르면 번뇌(塵)는 장차 쉬고 광명은 장차 발하리니, 이것이 두 번째 정절이니라. 여기에서 만약 지각심知覺心을 내면 순일純一한 묘妙가 끊어지리니 크게 해로우니라."

여기에서는 마치 가을 들물 같다는 표현이 나오며, 다시 한 번 '빛'에 대한 언급이 나오는데, "塵將息而光將發하리니"라고 해서 번뇌(육진六塵을 번뇌로 옮김)는 장차 쉬고, 즉 안(眼, 눈)·이(耳, 귀)·비(鼻, 코)·설(舌, 혀)·신(身, 몸)·의(意, 두뇌)로 일으키는 6가지의 번뇌(六塵)는 쉬고, 광(光, 빛)이 장차 발發한다고 되어 있다. 여기서 이 광(光, 빛)은 현명증휘의 단계에서 나타나는 빛으로 적광赤光에 해당한다고 볼 수 있다.

남방불교의 선정수행에서도 '니미타Nimitta'라고 해서 선정 중에 빛을 보는데, 이것 역시 수행의 과정상에서 일어나는 경계이므로 수행자의 업력과 근기에 따라 조금씩의 차이는 있겠으나, 공통적으로 '빛'을 보게 된다.

이에 대해 달라이 라마는 남방불교 빨리어 경전을 인용하여 다음과 같이 말한다.

빠알리 경전들에서 부처님은 종교적 수행자들의 해탈할

수 있는 소질을 드러내는 어떤 특성들[68]을 규명했다. 작은 욕구와 만족감을 가진 것은 해탈을 목표로 하는 진실된 종교적 수행자라는 것을 나타낸다. 그러한 수행자가 성취들을 얻을 가능성을 의미하는 것인 이 특성들을 매일 발달시켜야 한다.

어떤 경전들은 마음이 빛난다는 것과 이것이 마음의 발달을 가져오는 기반이라는 것에 대한 말한다. 부처님은 다음과 같이 말씀하신다(AN 1:51-52).

비구들이여, 이 마음은 빛나지만, 우발적인(客塵) 번뇌들에 의해 오염되어 있다. 가르침을 받지 못한 세속인들은 이것을 실제대로 이해하지 못한다.
따라서 그들에게는 마음의 발달이 없다.
비구들이여, 이 마음은 빛나고, 우발적인 번뇌들이 없다. 가르침을 받은 성자들은 이것을 실제대로 이해한다. 따라서 그들에게는 마음의 발달이 있다.

부처님은 이렇게도 말씀하신다(DN 11:85).

---

68   여기서 '특성들'이란 앞에서 말한 '니미타Nimitta'를 말한다.

식識이 무상無相하고, 무한하고, 온통 빛나는 곳에…….[69]

미얀마의 파아옥 명상센터 선원장인 파아옥 또야 사야도
(우 아찐나 스님)도 이런 내용의 법문을 하셨다.

"붓다는 선정을 사선정(catukka·jhana)과 오선정(pan-
caka·jhana)이라는 두 가지로 분류하셨다. 경에서 나오
는 선정은 일반적으로 사선정을 말한다. 예를 들어『대념
처경』에서는 사선정을 바른 삼매(Samma·Samadhi)라 하
셨다.[70]

---

69 『달라이 라마의 불교강의』pp.415~416, 달라이 라마·툽텐최된
    공저, 주민황 옮김, 불광출판사.

70 D. ii .9 'Maha·Sati·Patthana·Suttam'(대념처경) 예외가 S.IV.IX.
    i.3 'Sa·Vitakka·sa·Vicara·Suttam'(일으킨 마음과 고찰하는 마
    음 경)이다. 여기서 붓다는 첫 번째 사선정을 두 가지 선정으로 나
    눈다. '그러면 비구들이여, 형성되지 않음으로 이끄는 길(도)이
    란 무엇인가? 일으킨 마음과 고찰하는 마음이 있는 집중이다. 일
    으킨 마음이 없이 고찰하는 마음으로 집중하는 것이다. 일으킨
    마음과 고찰하는 마음 없이 집중하는 것이다. 이것을 비구들이
    여, 형성되지 않은 도로 이끄는 길이라 한다.'〔또한 A.VIII. II .ii.3
    'Samkhitta·Suttam'(간단한·경)에도 나온다.〕

① 초선정(pathama jhana)	③ 삼선정(tatiya jhana)
② 이선정(dutiya jhana)	④ 사선정(catuttha jhana)

아비담마에서 붓다는 오선정만을 말한다. 사선정과 오선정의 차이는 무엇인가? 선정의 요인(jhan·anga)들에 차이가 있다.

첫 번째 선정에는 다섯 가지의 선정요인들이 있다.

① 일으킨 마음 (vitakka)	③ 희열 (piti)	⑤ 집중 (ek·aggata)
② 고찰하는 마음 (vicara)	④ 행복 (sukha)	

사선정 중 두 번째인 이선정을 얻기 위해서는 첫 번째 두 요인을 극복해야 한다. 즉, 일으킨 마음과 고찰하는 마음을 극복해야 한다. 그러므로 이선에서는 두 개를 제외한 희열, 행복과 집중이라는 세 개의 선정요인만 남는다. 하지만 어떤 명상가들은 한 번에 일으킨 마음과 고찰하는 마음을 제거할 수 없다.[71]

그래서 그들은 첫 번째로 일으킨 마음을 제거한다. 그러

---

71 VsM.iv.90 'Pancaka·Jjhana·Katha' ('오선정에 관한 토론') PP.iv. 198-202

면 고찰하는 마음, 희열, 행복과 집중이라는 네 개의 요인만이 남는다. 이것이 이선정이다.

그런 다음에 고찰하는 마음을 제거한다. 그러면 희열, 행복, 집중이라는 세 개의 요인만이 남는다. 이것이 삼선정이다. 이 삼선정은 네 개의 선정으로 구분할 때 이선정과 같다. 아비담마와 같이 정신적 형성들과 과보의 담마들을 보여주는 표도 이 구분에 따라 다섯 가지로 구분하였음을 기억하라. 근접삼매나 본·삼매에 들면 마음은 밝고, 빛나며, 번쩍이는 빛으로 가득 찬다. 이것을 붓다는 지혜의 빛(pann·aloka)이라 부르셨다.[72]

사선정에서 빛은 가장 눈부시고, 가장 빛이 나고, 가장 번쩍인다."[73]

---

72 붓다는 A.Ⅳ.Ⅲ.v.3 'Aloka·Suttam'(빛·경)에서 : '비구들이여, 네 가지 빛이 있다. 무엇이 네 가지인가? 달빛, 태양의 빛, 불에서 나는 빛, 지혜의 빛'이다.

73 『업과 윤회의 법칙』, pp.154~156, 파아옥 또야 사야도 지음, 정명 스님 옮김, 도서출판 향지.

네 가지 분류	초선	-	이선	삼선	사선
다섯 가지 분류	초선	이선	삼선	사선	오선
일으킨 마음	■				
고찰하는 마음	■	■			
희열	■	■	■		
행복	■	■	■	■	
집중	■	■	■	■	■
평온					■

위의 법문이 인용된 책의 다른 페이지에도 이와 관련된 내용이 나오므로 아래에 인용한다.

"그러면 왜 붓다께서는 지혜의 빛(pann·aloka)을 개발하라고 하셨을까? 그것은 이 지혜의 빛 때문에 인습적인 진리를 극복할 수 있고 궁극적 진리를 꿰뚫어 볼 수 있기 때문이다.

이 빛으로 다섯 가지 취착하는 무더기들을 있는 그대로(yatha·bhuta) 볼 수 있기 때문이다. 붓다의 설명을 보다 자세하게 보면〔S.Ⅲ, Ⅰ.i.5 Samadhi-Suttam(삼매경)〕

집중하라, 비구들이여, 마음을,

(Samaddhim, bhikkhave, bhavetha)

비구들이여, 마음을 집중한 비구는 있는 그대로 이해한다.
(samahito, bhikkhave, bhikkhu yatha・bhutam pajanati)

비구가 있는 그대로의 실재를 이해한다는 것은 무슨 의
미인가?
① 물질의 일어남과 사라짐
② 느낌의 일어남과 사라짐
③ 인식의 일어남과 사라짐
④ 의도의 일어남과 사라짐
⑤ 알음알이의 일어남과 사라짐

수행자가 충분히 마음이 집중되었을 때에만, 지혜의
빛을 얻었을 때에만, 수행자는 있는 그대로의 실재에[72]
따라 궁극적 물질(paramattha・rudpa)과 궁극적 정신
(paramattha・nama)인 다섯 무더기(오온)들을 알고 본다.
이것이 소위 정신-물질을 있는 그대로 보는 지혜(Nama・
Rupa・Paric・Nana)라고 하는 것이다. 그리고 비로소 이

---

74 S.Ⅳ. Ⅰ. x vi..5 'Jivak・Amba・Vana・Samadhi・Suttam'(지와까의
망고・숲・삼매・경)에서 붓다는, 이것을 여섯 토대에 따라 설명하
신다. '비구들이여, 깊은 삼매를 개발하라. 집중이 되었을 때, 비구
들이여, 있는 그대로의 실재에 따라 나타난다. 그리고 실재에 따

때가 되어서야 위빳사나(vipassana·bhavana)를 할 수 있다. 왜? 개념적 실재를 가지고 위빳사나를 할 수 없기 때문이다."[75]

이와 같이 남방불교에서는 수행의 과정에서 일어나는 니미타Nimitta들을 세밀하게 다루고 있다. 이에 반해, 간화선看話禪은 수행 중에 나타나는 현상들을 모두 경계라고 단순히 무시해서, 자신이 수행해 가는 과정이 어느 단계의 과정인지 알 수 없는 문제점이 있다.

그래서 『티베트 사자의 서』에 나오는 죽음으로 가는 8단계의 과정과 『몽산법어』에서의 수행의 과정을 비교해 보면, 목적지에 나아가는 좋은 이정표里程標의 역할을 할 수 있을

라 무엇이 나타나는 것은 무엇인가? 무상하다고 실재에 따라 보는 눈이 나타난다. 형상들… 안식… 눈의 접촉… 그리고 눈의 접촉 때문에 어떤 느낌이 일어난다. 즐겁고, 즐겁지 않은 혹은 즐거운 것도 아니고 즐겁지 않은 것도 아닌 느낌이 나타난다. … 귀… 코… 혀… 몸… 마음… 담마-대상들… 의식… 마음의 접촉… 그리고 마음의 접촉 때문에 어떠한 느낌이 일어난다. 그 느낌은 즐겁고, 즐겁지 않은, 혹은 즐겁지도 즐겁지 않지도 않은 느낌이 일어나서 무상하다고 실재에 따라서 나타나게 된다.'

75 『업과 윤회의 법칙』, pp.163~165, 파아옥 또야 사야도 지음, 정명스님 옮김, 도서출판 향지.

것이라고 생각된다.

4법어[76] 중의 하나인 「고담화상법어」를 보아도 「몽산화상
시총상인」에 나오는 경계와 거의 같은 표현이 나온다.

"迷雲이 散盡하면 萬里靑天에 中秋寶月이 湛徹澄源하리
라 虛空發焰하며 海底生烟하여 驀然磕着에 打破重玄하리
라 祖師公案을 一串에 都穿하니 諸佛妙理가 無不周圓하
리라"

"미혹의 구름이 모두 흩어지면 만 리萬里의 푸른 하늘에
추석 보름달이 사무치게 맑고 깨끗하리라.
허공에서 불꽃이 생겨나며 바다 밑에서 연기가 피어나 홀
연 맷돌 맞듯 하여 깊은 이치(重玄)를 깨치리라.
조사들의 공안을 한 꼬챙이에 모두 꿰뚫으니, 모든 부처
님의 오묘한 이치가 두루 원만하지 않는 것이 없으리라."

---

76 사법어는 환산정응선사시몽산법어皖山正凝禪師示蒙山法語, 동산숭
    장주송자행각법어東山崇藏主送子行脚法語, 몽산화상시중蒙山和尙示
    衆, 고담화상법어古潭和尙法語의 4가지 법어를 말한다. 세조 때 간
    경도감에서 신미에 의해 번역되었는데 단행본으로는 간행되지
    않고 목우자수심결牧牛子修心訣 또는 몽산법어언해蒙山法語諺解에
    합철되어 있다.

여기에서 '만리청천萬里靑天'과 '중추보월中秋寶月'이라고 하여 '푸른 하늘'과 '추석 보름달'을 언급한 경계와, '허공발염虛空發焰'과 '해저생연海底生烟'이라고 '허공에서 불꽃이 생기고' '바다 밑에서 연기가 피어나는' 경계에 주목하자.

'만리청천萬里靑天'과 '중추보월中秋寶月'이 말하는 경계가 도표 2의 가을 하늘 밤에 달빛이 비침(白光)의 경계와 같아서, 현명顯明의 단계를 이야기하는 것임을 알 수 있고, '허공발염虛空發焰'과 '해저생연海底生烟'의 경계는 도표 2의 밤하늘의 반딧불 또는 빨간 불티의 뛰어오름(3단계)과 연기(푸른 연기)의 솟아남(2단계)을 말하는 것임을 알 수 있다.

『선관책진禪關策進』[77]이라는 책을 보면, 「몽산이선사시중蒙山異禪師示衆」이라는 글에서도 수행의 과정에서 겪는 여러 경계를 나타낸 부분이 있어 소개한다.

"某年二十에 知有此事하고 至三十二로 請益十七八員長老하여 問他做工夫하되 都無端的하였다 後參皖山長老하

---

77 중국 명나라 말 항저우(杭州) 운서사雲棲寺 일대에 총림을 개설하여 종풍을 떨친 운서주굉株宏 선사가 참선자들에게 채찍이 되고 거울이 되는 조사법어를 모아 엮은 참선수행 지침서다.

니 教看無字하되 十二時中에 要惺惺하여 如貓捕鼠하며
如雞抱卵하여 無令間斷하며 未透徹時에도 如鼠咬棺材
하여 不可移易이니 如此做去하면 定有發明時節이라 하시
었다"

"내 나이 20에 이 일을 있음을 알고, 32세에 이르도록 십
칠팔의 장로에게 법문을 듣고 공부 짓는 것을 물었으나
도무지 적실한 뜻을 알지 못하였었다.
후에 완산皖山장로께 참예하니 '무無'자를 보라 하시되,
'12시 가운데에 반드시 성성惺惺하게 하여, 마치 고양이
가 쥐를 잡을 때와 같이 하고 닭이 알을 품듯이 하여 끊어
짐이 없이 하며 투철히 깨치지 못하여도 쥐가 나무궤를
갉아 먹듯이〔화두를〕바꾸지 말 것이니, 이와 같이 지어 가
면 결정코 발명할 시절이 있을 것이다.'라 하시었다."

"於是에 晝夜孜孜體究러니 經十八日하여 吃茶次에 忽會
得世尊拈花迦葉微笑하고 不勝歡喜하여 求決三四員長
老하되 俱無一語하였다 或이 教只以海印三昧로 一印印
定하고 餘俱莫管이라하여늘 便信此說하고 過了二載라"

"이에 밤낮을 가리지 않고 부지런히 궁구하였더니 18일

이 지나서 차를 마시다가 문득 '세존이 꽃을 들어 보이심에 가섭이 미소한 도리'를 깨치고 기쁨을 이기지 못하여 서너 분의 장로를 찾아 결택을 구하였으나 모두 한 말씀도 없으셨다. 누가 말하기를, '다만 해인삼매 일인一印으로 인가印可하고 나머지는 모두 상관하지 마라.' 하시기에 곧 이 말을 믿고 두 해를 지냈다."

"景定五年六月에 在四川重慶府하여 患痢라 晝夜百次에 危劇瀕死하되 全不得力이라 海印三昧도 也用不得이며 從前解會的도 也用不得이며 有口說不得이오 有身動不得하여 有死而已라 業緣境界가 俱時現前하여 怕怖悼惶하고 衆苦交逼이라"

"경정景定 5년 6월에 사천의 중경重慶에서 이질병(설사병)에 걸려 밤낮 백번 위독함이 극심하여 죽을 지경에 빠졌으나 아무런 힘도 없으며 해인삼매도 아무 소용없고, 이전에 좀 알았다는 것도 또한 아무 쓸데가 없어, 입이 있으나 말을 할 수 없고 몸이 있으나 움직일 수 없어 남은 것은 오직 죽음뿐이라. 업연 경계가 동시에 앞에 나타나 두렵고 떨려 갈팡질팡할 뿐 어찌할 도리 없고 온갖 고통이 교대로 핍박하여 왔다."

"遂強作主宰하여 分付後事하고 高著蒲團하여 裝一爐香하고 徐起坐定하여 默禱三寶龍天하며 悔過從前諸不善業하되 若大限이 當盡인댄 願承般若力하여 正念托生하여 早早出家하며 若得病愈어든 便棄俗爲僧하고 早得悟明하여 廣度後學하야지이다"

"마침내 억지로 정신을 차려 뒷일(後事)을 분부하고, 좌복을 높이 고이고, 향로를 차려놓고 서서히 일어나 좌정하고 삼보三寶와 용천龍天에게 말없이 기도하기를, '이제까지의 모든 불선업不善業을 참회하옵나니 원컨대 수명이 다 하였거든 반야의 힘을 입어 정념正念으로 생生을 받아 일찍 출가하되, 속인의 삶을 버리고 스님이 되고, 만약 병이 낫게 되거든 빨리 크게 깨쳐서 널리 후학을 제도하게 되어지이다.' 하였다."

"作此願已하고 提箇無字하여 回光自看이러니 未久之間에 臟腑三四回動하되 只不管他러니 良久에 眼皮不動하며 又良久에 不見有身하고 只話頭不絶이라 至晚方起하니 病退一半이라 復坐至三更四點하니 諸病이 盡退하고 身心이 輕安이라"

"이렇게 원을 세우고 무無자字를 들어 빛을 돌이켜 스스로 바라보니 얼마지 아니하여 장부臟腑가 서너 번 움직여서 그대로 내버려 두었더니 얼마 있다가는 눈꺼풀이 움직이지 않으며, 다시 얼마 있다가는 몸이 없는 듯 보이지 아니하고 오직 화두만이 끊이지 아니하였다.

밤 늦게서야 자리에서 일어나니 병이 반은 물러갔기에 다시 앉아 3경 4점에 이르니 모든 병이 다 물러가고 심신이 가볍고 편안해졌다."

"八月에 至江陵하여 落髮하고 一年에 起單行脚할새 途中 炊飯이라가 悟得工夫는 須是一氣做成이오 不可斷續하고 到黃龍歸堂하니라 第一次睡魔來時에 就座抖擻精神하여 輕輕敵退하고 第二次亦如是退하며 第三次睡魔重時에 下地하여 禮拜消遣하고 再上蒲團이라 規式이 已定에 便趁此時하여 打倂睡魔하니라"

"8월에 강릉에 가서 삭발하고 일년 동안 있은 후 절을 떠나 행각을 나섰다가 도중에 밥을 짓다 생각하기를, 깨닫는 공부는 반드시 단숨에 해 마칠 것이요, 단속斷續이 있으면 아니 될 것이라 하고, 황룡에 이르러 당堂으로 돌아갔다. 첫 번째 수마睡魔가 닥쳐왔을 때는 자리에 앉은 채 정신을 바짝 차려서 가볍게 물리쳤고, 두 번째 역시 이와 같이 하여 물리쳤으며, 세 번째에 수마가 심하게 닥쳐왔을 때는 자리에서 내려와 예배하여 없애 버리고 다시 포단(蒲團, 방석) 위에 앉으니 규식이 이미 정한지라 곧 이때에 나아가 수마를 물리쳤다."

"初에는 用枕短睡하고 後에는 用臂하고 後不放倒身이라 過二三夜하야는 日夜皆倦이러니 脚下浮逼逼地하여 忽然眼前에 如黑雲開하며 自身이 如新浴出一般淸快로다 心下에 疑團이 愈盛하여 不著用力이라도 綿綿現前하며 一切聲色과 五欲八風이 皆入不得하며 淸淨如銀盆盛雪相似하여 如秋空氣肅相似라"

"처음에는 목침을 베고 잠깐 잤고 뒤에는 팔을 베었고 나중에는 아주 눕지를 아니하였다. 이틀, 사흘이 지나니 밤이고 낮이고 피곤하더니 발밑이 땅에 닿지 않는 듯 공중에 뜬 듯하더니 홀연 눈앞의 검은 구름이 활짝 열리는 듯하고, 몸이 흡사 금방 목욕에서라도 나온 듯 심신이 맑고 상쾌하며 마음에 의단疑團이 더욱 성하여 힘쓰지 않아도 끊김 없이 현전現前하며, 일체의 소리나 빛깔이나 오욕 팔풍八風이 모두 들어오지 못하여 청정하기가 마치 은쟁

반에 흰 눈을 담뿍 담은 듯하고 청명한 가을 공기와도 같
았다."

"卻思工夫雖好나 無可決擇에 起單入浙할새 在路辛苦하
여 工夫退失이라 至承天孤蟾和尚處하여 歸堂自誓하되
未得悟明이면 斷不起單이라하니 月餘에 工夫復舊라"

"돌이켜 생각하니 공부경계는 비록 좋으나 결택할 수 없
어서 절에서 떠나 절강성浙江省에 들어갈 때 여로가 고되
어 공부가 퇴보하였다. 승천承天의 고섬孤蟾 화상 회상에
이르러 당에 돌아와 스스로 맹세하기를, '확연히 깨치지
못하면 내 결단코 절을 떠나지 않으리라.' 하였더니 한 달
남짓 뒤에 공부가 복구되었다."

"其時遍身生瘡도 亦不顧하고 捨命趁逐工夫하여 自然得力
하고 又做得病中工夫하며 因赴齋出門에 提話頭而行하여
不覺行過齋家하고 又做得動中工夫하니 到此에 卻似透水
月華하여 急灘之上과 亂波之中에 觸不散하고 蕩不失하며
活鱍鱍地라"

"그때 온몸에 부스럼이 났는데도 돌아보지 아니하고 목

숨을 떼어놓고 공부를 따라붙어 자연히 힘을 얻어 병중
공부를 지을 수 있었으며, 재에 참여하려고 문밖을 나와
화두를 들고 가다가 재가齋家를 지나치는 것도 알지 못
하였고 동중공부動中工夫를 지을 수 있었으니 여기에 이
르러서는 마치 물에 비친 달과도 같아 급한 여울이나 거
센 물결 속에서 부딪쳐도 흩어지지 아니하며 탕연히 놓
아 지내도 또한 잊혀지지 아니하여 가히 활발발한 경지
였다."

"三月初六日坐中에 正擧無字러니 首座入堂燒香하여 打
香盒作聲이라 忽然㘞地一聲에 識得自己하고 捉敗趙州하
였다"

"3월 초6일 좌선 중에 바로 '무無'자字를 들고 있는데 수
좌가 당에 들어와 향을 사르다가 향합을 건드려 소리가
나는데 홀연 '와!' 하는 소리에 자기 면목을 알아 조주를
옭아 잡았다."

"遂頌云沒興에 路頭窮이라 踏翻波是水로다 超群老趙州
가 面目只如此로다"

"드디어 게송을 짓기를,

'어느덧 갈 길 다 하였네.

밟아 뒤집으니 물결이 바로 물이로다.

천하를 뛰어 넘은 노조주老趙州

네 면목 다못 이뿐이런가.' 하였다."

"秋間臨安에 見雪巖退耕石帆虛舟諸大老러니 舟勸往皖
山이라 山이 問하되 光明寂照遍河沙가 豈不是張拙秀才
語오하거늘 某開口에 山이 便喝出이라"

"가을 임안臨安에서 설암雪巖, 퇴경退耕, 석범石帆, 허주虛
舟 등 여러 장로를 뵈었더니 주舟장로가 완상장로께 참청
하기를 권하시기에 산山장로를 뵈오니 묻기를, '광명이
고요히 비춰 온 법계에 두루했네의 게송은 이것이 어찌
장졸수재張拙秀才가 지은 것이 아니냐?' 하시는데, 내가
입을 열자 곧 '할喝'을 내지르셨다."

"自此로 行坐飮食이 皆無意思라 經六箇月하여 次年春에
因出城回하여 上石梯子라 忽然胸次의 疑礙冰釋하고 不
知有身在路上行이라"

"이로부터 서나 앉으나 음식을 먹으나 아무 생각이 없더니, 6개월이 지난 다음해 봄, 하루는 성을 나왔다가 돌아오는 길에 돌층계를 올라가다가 홀연 가슴속에 뭉쳤던 의심덩어리가 얼음이 녹듯 하니, 이 몸이 길을 걷고 있는 줄도 알지 못하였다."

"乃見山하니 山이 又問前語어늘 某가 便掀倒禪床하고 卻將從前數則極誵訛公案을 一一曉了하니라"

"곧 산山장로를 찾으니 또 먼젓번 말을 하시는 것을 내가 곧장 선상을 들어 엎었고 다시 종전부터 극히 까다로운 수칙의 공안을 들어대시는 것을 낱낱이 확연히 요달하였다."

"諸仁者야 參禪은 大須仔細니 山僧이 若不得重慶一病이런들 幾乎虛度리라 要緊은 在遇正知見人이니 所以로 古人이 朝參暮請하여 決擇身心하며 孜孜切切하여 究明此事하니라"

"여러 인자仁者들이여, 참선은 반드시 자세히 하여야 한다. 산승이 만약 중경重慶에서 병들지 않았던들 거의 평생을 헛되이 보냈으리라. 참선에 요긴한 것은 정지견인 正知見人을 만나는 데 있으니, 이 까닭에 고인은 조석으로 참청하여 심신을 결택決擇하고 부지런히 간절하고 간절하게 이 일을 구명究明하였던 것이다."

"評曰他人은 因病而退惰어니와 此老는 帶病精修하여 終成大器하니 豈徒然哉아 禪人은 病中에 當以是로 痛自勉勵어다"

"평評하여 말하기를, '타인은 병으로 인하여 퇴타退惰하나, 이 장로는 도리어 병을 가지고 더욱 정진하여 마침내 큰 그릇을 이뤘으니 어찌 이를 덤덤히 보아 지내랴. 참선인은 병중에 마땅히 이로써 간절히 힘써야 한다.'"

이 글을 보면, 몽산 선사께서는 이질병(설사병)에 걸리고, 입이 있으나 말을 할 수 없고, 몸이 있으나 움직일 수 없는 지경에 이르는 큰 고통을 겪었는데, 우리도 참선수행할 때 몸이 아픈 경계를 많이 겪게 된다. 이러한 현상들은 색온, 수온, 상온, 행온, 식온의 5온이 은멸隱滅하면서 나타나는 죽음의 과정과 유사하게 일어난다.

앞의 도표 3을 보면, 색온이 은멸할 때는 몸이 땅 밑으로

가라앉는 느낌이 일어나고(몸이 있으나 움직일 수 없는 현상),
상온이 은멸할 때는 몸의 열기가 식어 음식물을 소화하는 힘
이 없어지고(소화장애나 설사), 행온이 은멸할 때는 혀가 부
풀고 오므라들며 혀뿌리가 시퍼렇게 변하는(입이 있으나 말
을 할 수 없는 현상) 여러 과정을 겪을 수 있으니, 수행자들이
도표 2와 도표 3에 나오는 내용을 알고서 수행한다면 많은
도움이 될 것이다.

　고려 말에 국사를 지낸 태고보우 선사太古普愚禪師[78]의 어
록을 보아도 수행의 과정에 나타나는 경계들이 앞의 『몽산
법어』나 『티베트 사자의 서』에 나오는 것과 같음을 알 수 있
는데, 아래에서 보자.

---

78 태고보우(太古普愚, 1301~1382): 고려 말기의 승려로, 보우는 법
　　호, 속성은 홍씨다. 13세에 양주 회암사에서 출가, 26세에 화엄선
　　에 합격하였다. 30세에 용문산 상원암, 서성의 감로사에서 고행
　　정진하여 지혜가 크게 열렸으며 38세 때 송도 전단원에서 참선하
　　다가 다음해 정월에 크게 깨쳤다. 46세 때 중국에 건너가 원나라
　　황제로부터 특별한 우대를 받아 두어 차례 법회를 주관했으며, 임
　　제 선사의 18대 법손으로서 당시 중국의 고승인 석옥청공 선사의
　　법을 이었다. 56세 때 봉은사에서 개당하였으며 이어 왕사로 책봉
　　되었다.

시무제거사 장해원사示無際居士張海院使 중에서

"僧問趙州狗子還有佛性也無하니 州云無하시되 這箇無
字는 不是有無之無오 不是眞無之無니 畢竟如何卽是오
到這裏하여 直得通身放下하며 一切不爲하고 不爲底也不
爲하면 直到閑閑地蕩蕩地하나 切無擬思하라 前念已滅하
고 後念不起하며 當念卽空하나 空亦不守하고 不守亦忘하
며 忘亦不立하고 不立亦脫하여 脫亦不存하라 到恁麼時하
면 只是箇惺惺寂寂底靈光이 卓爾現前하리라"

"어떤 학인이 조주 스님께 '개에게도 불성이 있습니까?'
라고 묻자 스님께서 '없다(無).'라고 대답했습니다. 이 무
자는 유有·무無의 무無도 아니고 진무眞無의 무도 아니니,
결국 어떻게 해야 옳겠습니까? 여기에 이르러 반드시 온
몸을 다 놓아버리고 어떤 것도 하지 않으며 하지 않는다
는 생각도 하지 않으면 곧바로 고요하고 텅 빈 경지에 도
달하겠지만, 여기서도 결코 생각으로 판단하려 들지 마
십시오. 과거의 생각은 이미 소멸했고 미래의 생각은 아
직 일어나지 않았으며 현재의 생각은 공空하지만, 공 또
한 고수하지 않으며, 고수하지 않는다는 생각도 잊고, 잊
었다는 것 또한 세우지 않으며, 세우지 않는다는 생각도
벗어나고, 벗어났다는 생각 또한 남겨두지 마십시오. 이

러한 때에 이르러서는 다만 뚜렷하면서 고요한 지혜의 신령한 빛만이 분명하게 드러날 것입니다."

위에서 뚜렷하면서 고요한 지혜의 신령한 빛(惺惺寂寂底靈光)에 주목하면, 도표 2에 나오는 죽음의 과정에도 빛이 나타나는데,『몽산법어』에서도 역시 마찬가지이다.

시최진사示崔進士 중에서(태고어록)

"論其方便하면 則公作念云是我四大色質은 灼然父母所生底이니 不定某時하나 必然散壞去也하니 那箇是父母未生前本來面目인가하여 千萬參不昧參不昧하라 如是無間斷하면 則自然工夫純熟하여 身心淸爽함이 如秋天氣肅相似하리라 到這裏하면 利根者는 豁然大悟함이 如人飮水면 冷暖自知하여 但明明了了히 自肯而已矣라 方信道하되 照盡體無依하여 方見本來人하리라"

"그 방편(방법)을 말하자면, 공께서는 '사대로 이루어진 내 몸은 분명하게 부모님께서 낳아주신 것이니 어떤 시기가 정해져 있지는 않지만 반드시 흩어져 부서질 것이다. 그렇다면 어떤 것이 부모로부터 태어나기 이전의 본래면목인가?'라고 생각하고, 어떤 경우에도 이 화두를 참구하며 잊지 마십시오. 이와 같이 빈틈과 끊어짐이 없으면, 자연히 공부가 순수하게 익어 몸과 마음이 맑고 시원한 것이 마치 고요한 가을 하늘의 기운과 흡사할 것입니다. 여기에 이르면 영리한 근기의 사람은 막힘없이 크게 깨달아 마치 물을 마셔보면 차가운지 따뜻한지 스스로 아는 것과 같아서 다만 분명하고 뚜렷하게 스스로 인정할 뿐입니다. 이러면 비로소 '몸 전체 그 어디에도 의지할 대상이 없다는 도리를 비추어 본다.'는 말을 믿을 것이며, 비로소 본래인을 알게 될 것입니다."

위 글에서도 「몽산화상시총상인」과 같이, '고요한 가을 하늘의 기운'이라는 표현이 나오는데, 이 역시 도표 2에서 나타나는 수행의 과정에서 나타나는 경계이다.

시문선인示文禪人 중에서(태고어록)

"君旣知非去名利하니   此生須報佛祖恩하리라
若也今日三明日四하면   幾時了斷無明根하리오
君今已發丈夫志하여   時復提起吹毛利하니
常持如是做將去하면   有甚魔外亂其理하리오
直到路窮當鐵壁하면   緣慮妄念都永寂하리라
功如透水皎月華하면   漸至寤寐一如域하여

塵將息而光將發하리니 到此莫生悲悅懌하라
亦莫生知覺心하니   才生知覺失功力하리라"

"그대는 이미 그릇된 것을 알고 명리를 떠났으니,
이번 생에 반드시 불조의 은혜를 갚아야 하리라.
오늘은 3일 내일은 4일 하며 한가하게 보낸다면,
어느 때 무명의 뿌리를 완전히 끊어버리리오?
그대는 이제 대장부의 뜻을 이미 일으켰으며,
때마침 날카로운 취모검도 빼어 들었으니,
항상 손에 지니고 이같이 공부해 나아간다면,
어떤 마구니나 외도가 그 이치를 어지럽힐까?
곧바로 길 막힌 곳에 이르고 철벽에 부딪히면,
인연에 얽힌 망상과 분별 영원히 사라지리라.
공부가 물에 비친 밝은 달 그림자와 같다면,
점차 깨었거나 잠자거나 한결같은 경계가 되리라.
번뇌(塵)는 장차 쉬고 광명은 장차 발하리니,
여기에 이르러 슬픔이나 기쁨 일으키지 마라.
알았다거나 깨달았다는 마음도 일으키지 말아야 하니,
그런 생각을 일으키자마자 공부의 힘을 잃으리라."

위 글에서도 「몽산법어시총상인」에 나오는 '번뇌(塵)는 장차 쉬고 광명은 장차 발하리니(塵將息而光將發)'라는 똑같은 구절이 나오는데, 이 경계도 역시 수행 과정에서 누구나 똑같이 나타나는 현상임을 알 수 있다.

시소선인示紹禪人 중에서(태고어록)

"佛說戒定慧하시어　　淨身口意業하시니

身三口四意三業하니　一一莫作持淨戒하라

念念提起趙州無하고　一切時中不昧無하라

行住坐臥二便時에　　着衣喫飯常提無하라

如猫捕鼠鷄抱卵하여　千萬不昧但擧無하라

如是話頭不間斷하여　起疑參因甚道無하라

疑不破時心頭悶할새　正好單提這話頭하니

話頭聯綿正念成하여　參復參詳看話頭하라

疑與話頭成一片하여　動靜語默常提無하라

漸到寤寐一如時에　　只要話頭心不離하리니

疑到情忘心絶處하면　金烏夜半徹天飛하리라

於時莫生悲喜心하고　須參本色永決疑하라"

"부처님께서는 계·정·혜를 설하시어,

신·구·의 3업을 청정하게 만드셨네.

몸 세 가지, 입 네 가지, 생각 세 가지 업 있으니,

그 낱낱의 업 저지르지 말고 청정한 계율 지켜라.

매 찰나마다 조주가 제시한 무자無字를 들고

모든 시각에서 무자를 잊어서는 안 된다네.

가거나 섰거나 앉거나 눕거나 대소변을 볼 때,

옷을 입거나 밥을 먹거나 항상 무자를 들어야 한다.

마치 고양이가 쥐를 잡거나 닭이 알을 품듯이

어떤 경우에도 잊지 말고 다만 무자를 들어라.

이와 같이 화두가 빈틈과 끊어짐이 없게 하고,

어째서 무라고 했는지 의심을 일으켜 궁구하라.

의심이 타파되지 않아서 마음이 답답할 때가

바로 오로지 이 화두만 들기 좋은 때이다.

화두가 계속 이어져 정념이 완성된 상태로,

궁구하고 또 자세히 궁구하며 화두를 간수하라.

의심과 화두를 한 덩어리로 만든 다음,

동정어묵動靜語默에 항상 무자를 들다가,

점차 깨었을 때나 잠잘 때나 한결같게 된 다음에는,

화두가 마음에서 떨어져 나가지만 않으면 된다.

의심하다가 분별을 잊고 마음이 끊어진 곳에 이르면,

금까마귀가 밤중에 하늘을 가로질러 날아가리라.

그때 슬퍼하거나 기뻐하는 마음 일으키지 말고,

반드시 본색종사를 만나 영원히 의심을 해소하라."

위 글에서 '금까마귀'는 태양을 말하는데, 달빛은 흰 빛이라고 보고, 태양의 빛은 강렬하므로 붉은 빛이라고 보면 도표 2의 현명증휘(顯明增輝, 赤光)의 단계를 나타낸다고 볼 수 있다.

시일본지성선인示日本志性禪人 중에서(태고어록)

"白日出扶桑하니　　請君須見當하노라
返觀明明了하면　　脚下卽是菩提場이라"

밝은 태양은 부상扶桑[79]에서 떠오르니
그대는 꼭 자세히 살펴보라.
돌이켜 살펴서 분명하게 보고 나면
다리 아래가 곧 보리의 도량이리라."

위는 일본 사람인 지성선인에게 주는 글로, '밝은 태양이 부상에서 떠오른다'는 말은 부상이 동쪽, 즉 일본을 뜻하기도 하여 지성선인을 격려하는 내용으로 볼 수도 있겠지만, 선사께서 지성선인에게 꼭 자세히 살펴보라고 하였으므로 이것은 태양 빛과 같은 붉은 빛이 나타나는 수행 과정의 경

79　부상扶桑: 동해東海 가운데에 있다는 전설상의 나무. 해가 그 신목神木 위에 솟아오른다고 하여 해 뜨는 곳, 또는 동쪽을 뜻하기도 한다.

계(顯明增輝, 赤光)로 보아야 한다.

태고보우 선사의 행장行狀을 보면 석옥청공 선사石屋淸珙
禪師[80]를 만나서 인가印可를 받고 그 분의 법을 잇는 장면이
나온다.

"師之歸也할새 屋申之以問하시되 云何是日用涵養事며
云何是向上巴鼻인가 하시니 師笤瓶瀉趨而前曰하니 未審
此外에 還更有事否아하니 屋愕然曰하되 老僧亦如是하고
三世佛祖亦如是하니라 長老脫別有道理하면 烏得無說이
오 師作禮云하되 古有父子不傳之妙하여 故爾耳니이다 弟
子何敢辜負和尙大恩하리오 頓首叉手하니 屋呵呵大笑云
하되 長老여 汝之三百六十骨節과 八萬四千毛孔이 今日
盡打開了하니 老僧亦七十餘年에 做作家事를 喫你奪了
也하시었다 又曰하니 老僧今日 旣已放下三百斤擔子하여

80 석옥청공(石屋淸珙, 1272~1352): 소주蘇州의 상숙常熟 사람으로
임제의 18세 법손法孫이다. 23살 때 당대 최고의 선사로 꼽히는 고
봉원묘(1238~1295)에게 출가하였다. 석옥은 고봉과 사형사제지
간인 급암及庵을 시봉하면서 수행한 지 6년만에 깨달음을 얻어 급
암으로부터 인가를 받았다.

適你檐了하니 且展脚睡矣하리라 師亦留一留하니 屋跋所
獻歌以授하고 乃問 하되 牛頭未見四祖時에 因甚百鳥啣
花오 曰富貴人皆仰이니다 曰見後因甚百鳥啣花覓不得
이오 曰淸貧子亦踈이니다 屋又問空劫已前에 有太古耶오
無太古耶오 曰空生太古中이니다 屋微笑云하시되 佛法東
矣로다 遂以袈裟表信曰하시되 衣雖今日法自靈山하여 流
傳至今하니 今附於汝하리라 汝善護持하여 毋令斷絶하라
拈拄杖囑云하시되 是老僧平生用不盡的이니 今日附你하
니 你將這箇하여 善爲途路하라 師拜受啓云하되 卽今不
問이나 末後如何오 屋云하시되 智過於師는 千載難逢이라
若遇箇者하면 卽當分付하라 只貴從上佛祖命脉不斷耳하
라 師拜辭而尚有眷眷之色하니 屋施從數十步하고 喚云
하시되 長老여 我家中本無別離하니 莫作別離看好하라 若
作別不別便不是니 勗哉勗哉하라 師唯唯而退하였다"

"스님께서 돌아올 적에 석옥 화상이 당부하면서 묻기를,
'어떤 것이 일상생활에 함양하는 일이며, 어떤 것이 향상
向上의 파비巴鼻[81]인가?'
스님은 병의 물을 쏟듯 대답하고 더 나아가 물었다.

---

81 파비巴鼻: ①파巴는 파把, 비鼻는 소의 코로, 뚜레를 통해 소를 붙든
다는 뜻. 콧등. ②요점, 목표, 기준점, 안목, 증거. ③유래, 내력.

'이밖에 또 다른 도리가 있습니까?'

석옥 화상은 경탄하면서 말씀하시기를, '노승도 이러하고 3세의 부처님과 조사들도 이러하였을 뿐이요. 장로여, 따로 다른 도리가 있다면 왜 말하지 않소.'

스님은 절하며 '예로부터 부자지간에도 전하지 않는 묘한 법이 있기 때문에 그런 것입니다. 제자가 감히 화상의 큰 은혜를 저버리겠습니까.' 하고는 머리를 조아리며 합장하였다.

석옥 화상은 '하하하!' 하고 크게 웃으면서 '장로여, 그대의 3백6십 뼈마디와 8만4천 털구멍이 오늘 모두 열렸구려. 노승이 7십여 년 동안 장만한 집안 일(家事)을 모두 그대가 빼앗아 가는구려.' 하고 또 '노승은 오늘 3백 근의 짐을 모두 내려놓고 그대에게 대신 짊어지우고 나는 이제 두 다리를 뻗고 잘 수 있게 되었소.' 하였다.

스님께서는 하루를 더 머무셨다.

석옥 화상이 태고암가太古庵歌의 발문跋文을 써 주면서 물었다.

'우두牛頭 스님이 사조四祖를 만나기 전에는 무엇 때문에 온갖 새들이 꽃을 입에 물고 왔던가?'

'부귀하면 사람들이 다 우러러보기 때문입니다.'

'사조를 만난 뒤에는 무엇 때문에 입에 꽃을 문 새들을 찾

아볼 수 없었던 것인가?'

'청빈하면 아들도 멀어지기 때문입니다.'

'공겁空劫 이전에도 태고太古가 있었던가, 없었던가?'

'허공虛空이 태고太古 가운데서 생겼습니다.'

석옥 화상이 미소를 지으며 '불법佛法이 동방東方으로 가
는구나.' 하고 다시 가사袈裟를 주어 신信을 표表하고 말하
였다. '이 가사袈裟는 오늘 전하지만 법法은 영산靈山으로
부터 지금까지 내려온 것이오. 이제 그대에게 전해주니
잘 보호하고 가져서 끊어지지 않게 하시오.'

또 주장자拄杖子를 집어 주면서 부탁하기를, '이것은 노승
이 평생을 사용하고도 다 쓰지 못했던 것인데 이제 오늘
그대에게 주니 그대는 이것으로 길잡이를 삼으시오.' 하
였다.

스님께서 절하고 받은 뒤에 물었다. '지금에 대해서는 묻
지 않겠습니다만 나중(末後)에는 어찌하리까?'

'스승보다 지혜가 나은 이는 천 년을 가도 만나기 어려운
것이오. 만약 그런 사람을 만나거든 잘 분부하도록 하시
오. 예부터 내려온 부처님과 조사들의 명맥命脈이 끊이지
않게 해야 하오.'

스님은 절하고 하직한 뒤에도 못 잊어하는 기색이 있
었다.

석옥 화상은 수십 걸음을 따라 나와 다시 스님을 불렀다. '장로여, 본래 우리 집안에는 이별이 없소. 그러니 이별이라는 생각을 말아야 하오. 이별이니 이별이 아니니 하는 생각을 내서는 아니 되오. 부디 노력하시오.'

스님은 '예, 예.' 하고 물러나왔다."

석옥 화상이 태고보우 선사가 3백6십 뼈마디와 8만4천 털구멍이 오늘 모두 열렸다고 칭찬하는 대목이 나오는데, 이 부분을 단순한 비유라고 생각해서는 안 되는 것이, 의생신을 성취하면, 의생신이 가지는 특징 중 하나인 당겨서 흡수하는 힘이 특별해진다. 그래서 의생신을 성취한 수행자를 만나는 사람은 자신의 번뇌가 의생신을 성취한 분에게 흡수되어 정화되므로 매우 편안함을 느끼게 된다.

따라서 의생신을 성취한 사람은 3백6십 뼈마디와 8만4천 털구멍이 모두 열리게 되어, 주위의 부정적인 기운과 에너지를 흡수하여 자신이 정화한다.

그래서 석옥 화상이 태고보우 선사가 의생신을 증득하였음을 칭찬한 것이다.

티베트 불교의 수행법 중에 '통렌'이라는 수행법이 있다. '통렌'이란 '받아들이고 준다'는 뜻인데, 상대방이나 이 세상의 고통과 부정적 기운을 자신이 받아들여 정화한 뒤에, 이 세상과 상대에게 긍정적인 행복의 에너지를 보내는 수행법 이다.

그런데 이 수행법은 수행이 고도로 진보된 의생신을 성취하지 못한 사람들이 수행하면, 어떤 사람들[82]은 엄청난 고통과 질병에 시달리게 된다. 그러니 독자 여러분들께서는 함부로 '통렌'을 수행하여 돌이킬 수 없는 고통과 질병을 겪지 않기를 바란다.

이 의생신이 가지는 12가지의 특별함을 보자.

"그와 같이 일으킨 환신의 존재, 그대가 가진 공덕의 특별함을 내세움이 있다.

① 질료의 특별함이니, 심적心寂의 구경인 비유광명의 풍심風心만으로 오직 만든다.

② 때의 특별함이니, 심적의 구경인 반대 순서의 정광명에 가까운 마음(근득)이 일어남과 동시에 성취한다.

③ 장소의 특별함이니, 유가사가 만드는 관계로 심장의 불괴명점 안과 바깥의 어떤 곳에서든 마음대로 건립

---

82 챠크라(chakra, 脈輪)가 보통 사람들보다 많이 열려서 쉽게 주변의 기운과 에너지를 흡수하는 사람들.

한다.

④ 형질의 특별함이니, 단지 풍심風心만으로 이루어져, 해맑고 걸림이 없는 무지개 몸이다.

⑤ 색깔의 특별함이니, 성립의 근거가 미세한 지명풍이 위주가 됨으로써 몸빛이 희다.

⑥ 모습의 특별함이니, 어떤 만다라의 본존과 모습이 같다.

⑦ 보는 법의 특별함이니, 환신을 얻지 못하면 그 누구도 보지 못한다.

⑧ 광명이 발산되는 특별함이니, 몸의 광명이 무변한 세계를 밝게 비춘다.

⑨ 〔다섯〕 대경을 누리고 즐기는 특별함이니, 몸의 감관과 알음이(識)를 갖추고 지분오풍支分五風을 구비한다.

⑩ **당기는 힘(引發力)의 특별함**이니, 광명의 상태에서 당기는 힘이 발생한다.

⑪ 공덕의 특별함이니, 그 생에서 성불하고, 허공 창고를 여는 힘을 얻고, 모든 부처님들로부터 관정을 받으며, 도위 단계의 상호相好로 장엄한다.

⑫ 12가지 환幻으로 상징하는 비유의 특별함이다."[83]

83 『밀교의 성불원리』, p.347, 중암 역저, 정우서적.

위 글의 10번째 의생신의 특별함으로 인해 의생신을 성취한 수행자는 주변의 기운을 자신에게 끌어당겨서 정화하여 내보낸다.

나옹 선사[84]의 어록에 나오는 여러 게송을 보아도, 수행 과정에 나타나는 여러 경계들이 『몽산법어』나 태고보우 선사의 어록에서 나타나는 경계와 같음을 알 수 있다.

태양太陽

"包盡虛空無內外　金烏徧界自分明
通天驀得飜身轉　一路堂堂劫外平"

"허공을 모두 감싸 안팎이 없는데
금까마귀(金烏)는 세계 어디에나 스스로 분명하다.
온 하늘에서 단박에 몸을 뒤집어버리면
한 길이 당당하여 겁 밖이 평안하다."

---

84 나옹혜근(懶翁惠勤, 1320~1376년): 고려 공민왕 때의 승려이다. 속성俗性은 아牙, 속명은 원혜元惠, 호는 나옹懶翁이다. 법호는 보제존자普濟尊者이다. 문하에 무학을 위시해 백여 인이 있었고 혼수에게 법맥을 잇게 하였다. 지공指空 및 무학無學과 함께 삼대三大 화상和尙 중 한 사람이다. 태고와 함께 고려 말 선종의 고승으로서 조선 불교에 큰 영향을 끼쳤다.

일월광(한국불교태고종 홍가사 참조)

정암正菴

"黑白未分誰彼此　六窓孤月不來前
金烏玉兔無尋處　始信靈光本寂然"

"흑백이 나누어지기 전 어디 피차가 있으랴.
여섯 창窓의 외로운 달은 이전에 오지 않고
금까마귀, 옥토끼는 찾을 곳이 없으니
비로소 신령스런 빛은 고요하고 쓸쓸하구나."

위 게송에서 '여섯 창'은 안眼, 이耳, 비鼻, 설舌, 신身, 의意의
6근을 말한다. 여기서는 금까마귀(金烏), 옥토끼(玉兔), 그리
고 신령스런 빛(靈光)이라는 표현에 유의해 보자.

금까마귀, 옥토끼는 단순히 해와 달을 의미하는 것이 아니
라, 수행 과정에 나타나는 경계임을 필자는 말하고 싶다. 우
리나라 태고종의 가사袈裟는 한국불교 전통의 가사인데, 이
가사에는 금까마귀와 옥토끼가 그려져 있다. 이것이 단순한
문양 이상의 많은 의미를 담고 있다는 것을 독자들께서는 생
각해 보시기를 바란다.

정암晶菴

"金烏欲出海門東　一室廖廖絶異同

大地山河明歷歷　六窓內外拂淸風"

"금까마귀가 동쪽 바다 문으로 나오려 하매
방 하나는 텅 비어 다르고 같음이 끊겼네.
산하대지가 밝음이 역력한데
여섯 창 안팎에는 맑은 바람 스친다."

탄암坦庵

"蕩盡塵沙差別緣　六窓明月每相連
從玆眼界無纖翳　四壁空空劫外玄"

"모래알 같은 번뇌 차별 인연 모두 없애 버리니
여섯 창에 밝은 달이 항상 닿아 있다.
이로부터 눈이 경계에 조금도 가리움이 없고
네 벽은 텅 비어 겁 밖에 오묘하다."

송박선자참방送珀禪者叅方 - 참방 가는 박선자 보내며

"掃盡平生塵鬧事　烏藤倒握歷山河
忽然蹋着波中月　一步非移便到家"

"평생의 시끄러운 세상일을 다 쓸어버린 뒤에
주장자를 거꾸로 들고 산하를 두루 돌아다니네.

문득 물속의 달을 한 번 밟을 때에는
한 걸음도 떼지 않고 바로 집에 돌아가리라."

혜선자구송慧禪者求頌 - 혜선자가 게송을 청하다

"割愛辭親特出來　工夫逼拶直無疑
命根頓斷虛空落　六月炎天白雪飛"

"애정을 끊고 부모를 하직하고 각별히 출가하였으니
공부에 달라붙어 바로 의심을 없애라.
목숨을 단박에 끊어 허공에 떨어지면
오뉴월 뜨거운 하늘에 흰 눈이 날리리라."

운선자구송雲禪者求頌 - 운선자가 게송을 청하다

"學道猶如弄火團　拶來拶去不須間
忽然拶得虛空轉　萬里無雲秋色寒"

"도를 배움은 불덩이를 가지고 노는 것과 같으니
가까이 가고 가까이 옴에 사이를 두지 마라.
단박에 부딪쳐 허공을 굴리면
만 리에 구름 없고 가을빛이 차가우리."

위에서 '만 리에 구름 없고 가을빛이 차가우리', 이런 표현

은 단순한 비유가 아니고 수행 과정에 체험하는 경계임을 알
수 있을 것이다.

공선자구송空禪者求頌 - 공선자가 게송을 청하다
"工夫逼拶用無間　運用施爲莫等閑
忽蹋澄潭秋夜月　大千沙界正光寒"

"공부에 바짝 달라붙어 틈이 없게 하고
마음을 쓰고 베푸는 데 등한히 하지 마라.
맑은 못의 가을 달을 문득 한 번 밟으면
항하사 같은 대천세계에 바른 빛이 차가우리."

정리하면, 몽산 화상, 태고보우 선사, 나옹 선사의 어록에
서 나타나는 수행의 과정과 『티베트 사자의 서』에 나오는 죽
음의 과정이 다르지 않음을 알 수 있다.
덧붙여서, 오조 홍인 화상의 『수심요론修心要論』에 보면 앞
의 도표 2에서 나타나는 여러 가지 수행의 경계를 나타내는
대목이 나오는데, 다음을 보자.

"若初心學坐禪者는 依無量壽觀經하여 端坐正身하고 閉
目合口하며 心前平視하고 隨意近遠하라 作一日想守之하

며 念念不住하면 卽善調氣息하니 聲莫使乍麤乍細할지니 卽令人成病이라 若夜坐時에 或見一切善惡境界하거나 或入靑黃赤白等諸三昧하며 或見自身出入光明하거나 或見如來身相하며 或有種種變現하면 知時攝心莫看하라 皆並是空이니 妄想而現이니라 經云하되 十方國土가 皆如虛空이라 하고 又云하되 三界虛幻하니 唯是一心作"이라 하였다 若不得定하여 不見一切境界者하여도 亦不須愧하라 但於行住坐臥中에 恒常了然守眞心하라 會是妄念不生하면 我所心卽滅하느니라"

"만약 초심으로 좌선을 배우는 사람은 『관무량수경觀無量壽經』에 의지하여, 단정히 앉아 몸을 바로 하고 눈을 감고 입을 닫아 마음은 앞을 수평으로 보고 마음 따라 가깝게 혹은 멀게 한다. 하루 동안 이렇게 마음을 지키며 생각이 머무르지 않으면 호흡이 잘 고르게 되니 (호흡)소리를 잠시 거칠게 하다가 잠시 가늘게 했다가 하지 말지니 병이 걸리게 된다.

만약 밤에 앉을 때 혹은 모든 선악의 경계를 보거나, 혹은 청靑, 황黃, 적赤, 백白 등의 삼매에 들며, 혹은 자기 몸에서 광명이 출입하는 것을 보거나, 혹은 여래의 몸(身相)을 보며, 혹은 갖가지 변화하여 나타남(變現)이 있으면 때임

을 알아 마음을 모아 보지 않도록 하라. 모두가 다 공空이
니 망상으로 나타난 것이다.

경에서 이르기를, '시방의 국토가 모두 허공과 같다.' 하
였고, 또 이르되, '삼계가 헛된 허깨비 같으니 오직 일심一
心이 만든 것이다.' 하였다. 만약 선정을 얻지 못하여 일체
경계를 보지 못해도 반드시 이상하게 여기지 마라. 다만
행주좌와行住坐臥에 항상 뚜렷하게(了然) 진심眞心을 지
켜라. 이를 알아서 망념이 일어나지 않으면 나의 마음작
용이 곧 사라진다."**85**

위에서 청青, 황黃, 적赤, 백白 등의 삼매란, 도표 2와 앞에서
설명했듯이 임종시에 색온(지대)이 융해할 때는 모든 것이
황색으로 보이고, 수온(수대)이 융해할 때는 모든 것이 백색
으로 보이며, 상온(화대)이 융해할 때는 모든 것이 적색으로
보이며, 행온(풍대)이 융해할 때는 모든 사물이 청색(또는 녹
색)으로 보이는 현상으로, 좌선 수행할 때도 이런 현상이 나
타나는 것은 죽음의 과정에서 일어나는 내적인 체험이 수행
과정의 내적 체험과 다르지 않음을 보여준다. 단지, 수행 과

---

85 蘄州忍和尙導凡超聖悟解脫宗修心要論 1권, pp.303~309, 鈴木大
拙, 禪思想史硏究 第二, 東京, 岩波書店, 1987.

정에서는 육신이 죽지 않는다는 차이뿐이다.

또, 티베트 불교에서는 죽음 이후 다음 생을 받기 전의 중음中陰을 이용한 수행법을 가지고 있는데, 우리는 이것을 통해 죽음의 과정과 수행의 과정이 둘이 아님을 알게 된다. 아래에서 달라이 라마 존자님의 법문을 통해, 티베트 불교에서의 중음을 이용한 수행 내용을 간략하게나마 살펴보자.

"죽은 후에는 육신도 사라지고 힘도 다 사라집니다. 재산, 권력, 명성, 친구도 우리를 따라오지 못하지요. 저를 한 번 예를 들어 볼까요. 티베트 사람들은 저에 대한 믿음이 매우 커서 제가 요청하는 일이라면 무엇이든 할 것입니다. 그러나 그런 저도 죽을 때는 홀로 죽어야 하고 누구도 저를 동반해줄 수는 없지 않습니까. 그저 가져갈 수 있는 것은 영적 수행법에 대한 지식과 살면서 지은 행위가 우리 삶에 새긴 업뿐입니다. 일생 동안 영적 수행법으로 수련하고 마음을 죽음에 대비시키는 명상법을 배웠다면, 죽음과 함께 다가오는 모든 경험들을 두려움 없이 효율적으로 맞이할 수 있을 겁니다.

살아 있는 동안 수행을 계속하여 죽음의 과정에 대한 인식을 기른다면 숨이 멎고 육신을 이루었던 요소들이 서서히 흩어져 갈 때[86], 죽음의 각 단계에 잘 대응하여 죽음의 맑은 빛이 일어날 때 그것을 잘 인지할 수 있을 것입니다. 바로 그 맑은 빛의 의식이 지나가는 순간이 정말 죽음이 일어나는 순간입니다. 그런데 사람들은 보통 맑은 빛의 의식이 일어나기 직전까지 깊은 기절상태에 들어 있다가 깨어나기 때문에 보통사람이라면 맑은 빛이 일어나는 것을 잘 인식하지 못한다고 합니다. 그러나 고차원 명상을 수행한 사람은 죽음의 단계를 미리 알고 있기 때문에 기절상태에 들어가면서도 깨어 있는 마음, 주의 깊은 마음을 유지합니다. 그러므로 극히 현묘한 의식상태가 가져오는 효과를 전환시켜 거기서 깨어날 때 죽음의 맑은 빛을 인식할 수 있습니다.

맑은 빛[87]이 사라지고 사자死者가 몸을 떠나 중음신中陰身의 상태로 들어간 후에도 사자는 중음中陰을 중음으로 인식할 수 있을 뿐 아니라, 이때 수반되는 갖가지 환상을 평정심과 통찰력을 가지고 대할 수 있습니다. 이때 보통사

---

86 색온(지대)이 수온(수대)으로, 수온(수대)이 상온(화대)으로, 상온(화대)이 행온(풍대)으로, 행온(풍대)이 식온(공대)으로 융해되는 과정으로 앞에서 설명함(도표 2와 도표 3 참고).

87 여기서 '맑은 빛'은 색온(지대) → 수온(수대) → 상온(화대) → 행온(풍대) → 식온(공대) → 현명 → 현명증휘 → 현명근득 → 정광명의 과정에서 정광명淨光明의 단계로 보면 됨(도표 2와 도표 3 참고).

람은 분노, 집착, 무지의 힘에 의해 영향을 받고 그 힘에 따라 진화하지만, 영적 수행이 된 사람은 지혜와 고요함 속에 거합니다. 죽음의 맑은 빛은 완전한 법신法身이 되고 중음의 경험은 순수한 응신應身으로 변화합니다. 이때 영적 수행이 된 사람은 중생을 이롭게 하겠다는 소망을 성취하기 위해 우주 어디든 환생할 곳을 정할 수 있는 것입니다.

이러한 높은 수행을 죽음의 순간에 할 수 없는 사람은 적어도 맑게 깨어 있는 마음상태를 유지해야 하며 동시에 사랑의 마음과 보리심을 계속 지니고 있어야 합니다. 또한 자신의 스승과 귀의했던 삼보를 생각하고 잘 이끌어주기를 기도하는 것도 좋습니다. 이렇게 하면 영적 마음자세를 가지고 중음에 들어갈 수 있으며, 영적 발전을 계속할 수 있도록 높은 생명 영역에 환생할 수 있습니다.

우리 마음속에는 과거에 했던 긍정적 행동, 부정적 행동의 본능이 무수히 들어 있습니다. 수행이 되지 않은 사람이 가질 수 있는 희망은 죽음이 진행되는 동안 긍정적 마음자세를 유지해 죽음이 일어나는 바로 그 순간 강한 긍정적 업의 뿌리를 마음속에 작동시켜, 중음을 지나는 동안 이 마음을 놓지 않는 것입니다. 수행이 되지 않은 사람에게는 이것이 최선의 방법입니다. 그러므로 요기와 보통사람은 죽음의 순간 너무나 다른 방법을 쓰게 되는 것입니다.

죽음의 순간 마음상태를 이와 같이 유지하고, 죽음이 진행되는 동안과 죽음이 끝난 후에 사자의 주변에는 한탄하거나 우는 소리가 커서는 안 되며, 사자의 마음을 다칠 수 있는 일이 일어나서도 안 됩니다.

일생을 부정적으로 살아온 사람이 죽음의 순간 긍정적 생각을 갖거나 중음에서 절제된 행동이라는 경험을 하기는 어렵습니다. 그러므로 지금부터는 죽음을 염두에 두고 이생에서도 우리를 이롭게 할 뿐 아니라 죽음과 중음을 자신 있게 맞이할 수 있게 해주는 영적 자질을 길러야 합니다."[88]

중음中陰을 명상하는 티베트의 수행법에 관한 더 자세한 내용을 아래 논문에서 살펴보자.

"바르도는 죽음과 환생 사이 중간 단계의 시기이다. 바르도는 중유 또는 중음으로 한역될 수 있다. 바르도 사상은

88　『깨달음의 길』, pp.123~125, 달라이 라마 지음, 진우기, 신진욱 옮김, 부디스트웹닷컴.

닝마파와 카규파의 텍스트에서 중요하게 다루어지고 있다. 바르도의 개념이 아비달마 불교의 『구사론』과 유식불교의 『대승아비달마집론』에 설명되어 있지만, 대승불교와 금강승의 밀교에서 구체적으로 발전되었다. (중략) 나로빠의 여섯 가지 교리와 닝마파의 『티베트 사자의 서』는 바르도를 여섯 가지 단계로 분류하고 있다. 바르도의 여섯 가지 단계는 아래와 같다. 첫째는 탄생의 바르도이다. 둘째는 꿈의 바르도이다. 셋째는 명상의 바르도이다. 넷째는 죽음 순간의 바르도이다. 다섯째는 최고의 실재인 법성의 바르도이다. 여섯째는 생성의 바르도이다. 처음의 세 가지 바르도는 현재의 삶을 특징짓고, 뒤의 세 가지 바르도는 죽음과 환생의 기간인 49일간의 과정을 포함한다.

바르도의 사상은 『티베트 사자의 서』에 잘 설명되어 있다. 『티베트 사자의 서』는 14세기 닝마파의 비전의 전통에 의해서 발견된 텍스트이다. 이 저서에는 죽음과 재생의 과정이 세 가지 단계로 설명되어 있다. **이 세 가지 단계의 바르도는 붓다의 삼신 사상과 밀접하게 관련되어 있다.** 첫째는 죽음 순간의 바르도로 법신이며, 백색의 광명[89]이 휘황찬란하게 드러난다. 둘째는 최고의 실재인 보신의 바르도이며, 다섯 가지 색깔의 광명이 만다라의 형태로 드러나고, 다섯 가지 붓다의 그룹의 기본적인 구조에서 빛을 발휘한다. 셋째는 생성의 바르도로 화신이고, 좀 약한 빛의 현상이 육도 윤회의 현상 속에서 드러난다. 이 세 가지 단계의 바르도는 수행자가 적절한 가르침을 듣고 자기 자신의 마음의 본성을 자각하고 해탈을 증득할 수 있는 가능성을 제공한다. 바르도의 가르침은 카규파의 나로빠의 여섯 가지 교리에, 닝마파의 족첸의 가르침에, 그리고 본교의 가르침에 포함되어 있다. 이것은 원래 요가 수행자가 죽음의 과정을 관상하는 가르침이다. 몇 세기를 거쳐서, 바르도는 사자를 위한 죽음의 의식으로 발전하였다.

죽음의 의식은 일곱 가지 부분으로 이루어졌고, 그 가운데 가장 중요한 부분은 죽음의 과정, 바르도의 단계에서 빛의 출현, 그리고 환생의 땅을 찾는 테크닉이다.

『티베트 사자의 서』는 육신과 정신, 즉 오온이 점차적으로 해체되는 것으로 죽음의 과정을 설명하고 있다. 죽음의 순간의 바르도는 외재적 실재의 소멸이다. 이 때, 마

---

89 색온(지대) → 수온(수대) → 상온(화대) → 행온(풍대) → 식온(공대) → 현명 → 현명증휘 → 현명근득 → 정광명의 과정에서 정광명淨光明을 말한다.

음의 본성은 빛나는 광명으로 체험된다. 죽어가는 사람이 이 경험을 인식하지 못한다면, 3~4일간 무의식의 단계로 들어간다. 그 기간 동안 소위 의식의 몸[90]은 형성되고, 의식의 몸은 미래의 경험의 주체가 된다.

두 번째 단계로 최고의 실재 보신의 바르도는 14일간 지속되고, 의식은 42가지 평화의 신성과 58가지 분노의 신성을 인식한다. 신성들을 통해서, 만다라의 세계는 드러난다. 『티베트 사자의 서』는 관상법을 통해서 바르도를 경험할 수 있다고 매우 상세하게 설명하고 있다. 공의 측면은 평화의 신성을 통해서 드러나고, 명증성 또는 명백성은 분노의 신성을 통해서 드러난다. 의식의 몸이 빛의 출현을 그 자신의 투사로 인식하지 못한다면, 28일간이 생성의 바르도가 시작한다. 이 초기 3주의 바르도의 기간 동안, 의식은 이전의 행위인 업을 드러내고, 마지막 7일 동안 육도 윤회의 세계 가운데 하나로 환생할 준비를 한다."[91]

---

90 의식의 몸: 의생신意生身을 말하는 것으로 중음신中陰身과 같음을 알 수 있다.

91 「티베트 승원의 교육과정과 그 이론적 토대」, 성원 스님, 『수행법 연구』, pp.925~928, 조계종출판사.

술박가(戍搏迦, Jivaka) 존자(16나한 중 한 분)

성불의 조건, 3신의 성취

- 경전과 조사어록에 나타나는 3신

앞 장에서 살펴본 바와 같이, 부처가 되는 조건은 3신三身의 성취임을 알 수 있다. 이 장에서는 경전과 조사어록에 나오는 3신에 관해 알아보겠다.

석가모니 부처님께서 열반에 드시는 과정을 보여주는 『대반열반경』을 보면, 여래의 몸이란 곧 법신임을 말하는 대목이 나온다.

"爾時에 世尊이 復告迦葉하시니 善男子야 如來身者란 身이 常住身이고 不可壞身이니 金剛之身이라 非雜食身이니

卽是法身이니라"

"이때에 세존께서 다시 가섭迦葉에게 이르시니, '선남자야! 여래의 몸이란, 몸이 항상 머무는 몸이고 부서지지 않는 몸이니 금강의 몸이니라. 잡식雜食하지 않는 몸이니, 곧 법신이니라.'"⁹²

【해설】 여래의 몸이란 육체적인, 즉 부서지고 무상無常한 몸이 아니고 또한 음식을 먹는 그런 몸이 아니니, 곧 법신이다.

"迦葉菩薩이 白佛言世尊하시되 如佛所說如是等身을 我悉不見하옵고 唯見無常破壞塵土雜食等身하니다 何以故오 如來當入於涅槃故하니다 佛告하시니 迦葉아 汝莫謂如來之身은 不堅可壞如凡夫身하라 善男子야 汝今當知하라 如來之身은 無量億劫堅牢難壞하니 非人天身이며 非恐怖身이고 非雜食身이니라 如來之身은 非身是身이니 不生不滅하며 不習不修하니 無量無邊無有足跡하니라 無知無形하니 畢竟清淨하여 無有動搖하니라 無受無行하며 不住

92　대정장大正藏 권12 大般涅槃經(曇無讖 譯) 卷第三 金剛身品 第五

不作하니라 無味無雜하며 非是有爲이니라 非業非果이며
非行非滅이니 非心非數라 不可思議하니라 常不可思議
하며 無識하니 離心亦不離心하니라"

"가섭보살이 부처님께 아뢰었다. 부처님께서 말씀하신
바와 같은 이러한 몸을 저는 모두 보지 못하고 오직 무상
無常하여 부서지는 티끌같은 잡식雜食하는 몸만을 봅니
다. 왜냐하면 여래께서는 반드시 열반에 드시기 때문입
니다. 부처님께서 이르시기를, 가섭아! 너는 여래의 몸은
견고하지 않아 부서지는 범부의 몸과 같다고 말하지 마
라. 선남자야! 너는 지금 반드시 알아야 한다. 여래의 몸
은 무량한 억겁 동안 견고하여 부서지지 않으니, 인간의
몸도 아니요, 천인天人의 몸도 아니니 두려워하는 몸도
아니고 잡식하는 몸도 아니니라.
여래의 몸은 몸 아닌 몸이니 나지도 않고 사라지지도 않
으며 익히는 것(習)도 아니고 닦는 것(修)도 아니니 한량
없고 끝이 없어서 자취(足跡)가 없느니라. 앎도 없고 모양
도 없으니 필경에 청정하여 동요가 없느니라. 받음(受)도
없고 행함(行)도 없으며 머물지도 않고 짓지도 않느니라.
맛(味)도 없고 잡됨(雜)도 없으며 유위有爲가 아니니라.
업業도 아니고 과果도 아니고 행함(行)도 아니고 사라짐

(滅)도 아니니 마음(心)도 아니고 마음의 작용(心數, 心所와 같음)도 아니라 불가사의不可思議하니라. 항상 불가사의하며 앎(識, 인식작용)도 없으니 마음을 떠났으나 또한 마음을 떠나지 않음이니라."[93]

【해설】 가섭존자께서 석가모니 부처님께 여쭙기를, '여래께서는 법신을 말씀하시지만, 부처님께서는 곧 열반에 드시므로, 부처님의 육신이 소멸하는 것을 보이시는데, 저희들은 부처님께서 말씀하시는 그런 부서지지 않는 몸을 보지 못한다.'라고 하자, 부처님께서는 거듭해서, '여래의 몸은 부서지지 않고 걸림이 없는 몸이다.'고 강조하시었다.

"如來度脫一切衆生하나 無度脫故能解衆生하니라 無有解故로 覺了衆生하나 無覺了故로 如實說法하니라 無有二故로 不可量하고 無等等하니 平如虛空無有形貌하니 同無生性하니라 不斷不常하니 常行一乘하나 衆生見三하니라 不退不轉하여 斷一切結하나니 不戰不觸하며 非性住性하니라 非合非散하며 非長非短이고 非圓非方하니라 非

93 대정장大正藏 권12 大般涅槃經(曇無讖 譯) 卷第三 金剛身品 第五

陰入界이나 亦陰入界라 非增非損하며 非勝非負하니라"

"여래는 일체 중생을 제도해 해탈시키나 제도하여 해탈시킴이 없으므로 중생을 해탈시키느니라. 해탈시킴이 없으므로 중생을 깨닫게 하나 깨닫게 함이 없는 까닭으로 진실하게(如實) 설법하나니라. 둘이 없으므로 헤아릴 수 없고 같은 것이 없으니 허공과 같아서 모양과 형상이 없으니 생生하는 성질(性)이 없느니라. 단멸(斷)하지도 영원(常)하지도 않으니 항상 일승一乘을 행하나 중생은 삼승三乘으로 보느니라. 물러나지도 나빠지지도 않아 일체의 매듭(結)을 끊나니 싸우지도 않고 접촉하지도 않으며 성품(性)도 아니면서 성품(性)에 머무르니라. 모이지도 않고 흩어지지도 않으며 길지도 않고 짧지도 않으며 둥글지도 모나지도 않느니라. 5온五蘊, 6입六入, 18계十八界가 아니나 5온五蘊, 6입六入, 18계十八界라 늘지도 줄지도 않으며 이기지도 지지도 않느니라."[94]

아래에 계속해서 부처님께서는 여래의 몸의 여러 가지 특성을 말씀하신다.

94　대정장大正藏 권12 大般涅槃經(曇無識 譯) 卷第三 金剛身品 第五

"如來之身이 成就如是無量功德하나 無有知者無不知者
하니라 無有見者無不見者하며 非有爲非無爲이니라 非世
非不世이며 非作非不作이라 非依非不依이며 非四大非不
四大이고 非因非不因이니라 非衆生非不衆生이며 非沙門
非婆羅門이나 是師子大師子이니라"

"여래의 몸이 이와 같은 무량한 공덕을 성취하나 아는 자
도 없고 알지 못하는 자도 없느니라. 보는 자도 없고 보지
못하는 자도 없으며, 유위有爲도 아니고 무위無爲도 아니
니라. 세간의 것도 아니고 세간의 것이 아닌 것도 아니며
짓는 것(作, 작용)도 아니고 짓지 않는 것(不作)도 아니며
의지하는 것도 아니고(즉, 독립된 존재) 의지하지 않는 것
도 아니며 4대四大도 아니고 4대 아닌 것도 아니고 인(因,
원인)도 아니고 인因 아닌 것도 아니니라. 중생도 아니고
중생 아님도 아니며 사문(수행자)도 아니고 바라문도 아
니나 스승이며 큰 스승이니라."[95]

【해설】여래의 몸은 무량한 공덕을 지니고 있음을 부처님
께서 말씀하신다.

95　대정장大正藏 권12 大般涅槃經(曇無讖 譯) 卷第三 金剛身品 第五

❀

"非身非不身이니 不可宣說하니라 除一法相不可算數하
나니 般涅槃時不般涅槃하니라 如來法身皆悉成就如是無
量微妙功德하니라 迦葉아 唯有如來乃知是相이니 非諸
聲聞緣覺所知하니라 迦葉아 如是功德成如來身하니 非是
雜食所長養身이니라 迦葉아 如來眞身功德如是하니 云何
復得諸疾患苦하여 危脆不堅如坏器乎오 迦葉아 如來所
以示病苦者는 爲欲調伏諸衆生故이니라 善男子야 汝今
當知하라 如來之身卽金剛身이니 汝從今日常當專心思
惟此義하여 莫念食身하라 亦當爲人說如來身卽是法身
하라"

"몸도 아니고 몸 아님도 아니니 상세히 말할 수 없느니라.
하나의 법상法相을 제외하고는 헤아릴 수 없나니 반열반
할 때 반열반하지 않느니라. 여래의 법신은 모두 다 이와
같은 무량한 미묘공덕을 성취했느니라. 가섭아! 오직 여
래만이 아는 상相이니, 모든 성문과 연각이 알지 못하니
라. 가섭아! 이와 같은 공덕이 여래의 몸을 이루니 잡식雜
食으로 크고 자라는 몸이 아니니라.

가섭아! 여래진신眞身의 공덕은 이와 같나니 어찌 다시
모든 병고(疾患苦)를 얻어 위태롭고 허약하기가 마치 질

그릇과 같겠는가? 가섭아! 여래가 병고를 보이는 것은 모든 중생들을 조복하고자 하는 까닭이니라. 선남자야! 너는 지금 반드시 알라. 여래의 몸은 금강신金剛身이니 너는 오늘부터 항상 반드시 이 뜻을 전심으로 사유하여 식신(食身, 음식으로 된 몸)이라고 생각지 말라. 또한 마땅히 사람들을 위해 설설說하기를 여래의 몸은 곧 법신이라고 하여라."[96]

【해설】 여래의 몸은 성문과 연각의 경지로서는 알 수 없으며, 여래가 병고를 보이는 것은 중생들을 조복하기 위해 그런 것이고, 다른 중생들에게도 여래의 몸은 법신이라고 설법하기를 당부하는 내용이다.

"迦葉菩薩白佛言하시되 世尊이시여 如來成就如是功德하시니 其身云何當有病苦無常破壞이릿고 我從今日常當思惟하리니 如來之身是常法身安樂之身이니 亦當爲人如是廣說하리라 唯然世尊이시여 如來法身金剛不壞니 而未能知所因云何하니다 佛告迦葉하시되 以能護持正法因緣故로 得成就是金剛身하니라 迦葉아 我於往昔護法因緣으로

96 대정장大正藏 권12 大般涅槃經(曇無讖 譯) 卷第三 金剛身品 第五

今得成就是金剛身常住不壞하느니라"

"가섭보살이 부처님께 아뢰시되, '세존이시여! 여래께서
이와 같은 공덕을 성취하시니 그 몸은 어떻게 마땅히 병
고가 있어 무상하며 부서지겠습니까? 제가 오늘부터 항
상 마땅히 사유하리니 여래의 몸은 항상하는 법신이며
안락한 몸이니 또한 마땅히 사람들을 위해서 이와 같이
널리 설說하겠나이다. 알겠습니다. 세존이시여! 여래의
몸은 금강처럼 부서지지 않으니 어떤 이유로 그러한지
알지 못합니다.' 부처님께서 가섭에게 이르시기를, '정법
正法을 보호하고 지킬 수 있었던 이유로 이 금강신을 성취
했느니라. 가섭아! 내가 옛적에 법을 보호한 인연으로 이
금강신을 성취하여 상주불괴常住不壞하느니라.'"97

【해설】 가섭존자가 여래의 몸에 대해서 이제 이해하고 다
른 사람들을 위해 부처님께서 설하신 대로 여래의 몸에
대해 이야기하겠다고 말하며, 부처님께서 이런 몸을 얻
은 연유를 묻고 있다.

『대방등여래장경大方等如來藏經』에서도 법신에 대한 언급

---

97   대정장大正藏 권12 大般涅槃經(曇無讖 譯) 卷第三 金剛身品 第五

이 나오는데, 이에 대해 살펴보자.

❀

"如是善男子야 我以佛眼觀一切衆生하니 貪恚癡諸煩惱
中에 有如來智如來眼如來身하여 結加趺坐儼然不動하느
니라 善男子야 一切衆生이 雖在諸趣煩惱身中하나 有如
來藏常無染汚하고 德相備足如我無異하느니라 又善男子
야 譬如天眼之人이 觀未敷花見諸花內有如來身이 結加
趺坐하니 除去萎花하면 便得顯現하느니라"

"이와 같이 선남자야! 내가 불안佛眼으로 일체 중생을 보
니, 탐욕과 성냄과 어리석음의 모든 번뇌 가운데 여래의
지혜, 여래의 눈, 여래의 몸이 있어 결가부좌하여 엄숙하
게 움직이지 않느니라. 선남자야! 일체 중생이 비록 모든
육도(諸趣)에서 번뇌의 몸속에 있으나 여래장如來藏은 항
상 오염이 없고 덕상德相이 갖추어진 것이 나와 다를 것이
없느니라. 또 선남자야! 비유하자면, 천안天眼을 가진 사
람은 꽃잎이 퍼지지 않은 꽃을 보고도 모든 꽃잎 속에 여
래의 몸이 결가부좌한 것을 보는 것과 같이, 시든 꽃잎을
제거하면 바로 드러나는 것과 같느니라."[98]

98　대정장大正藏 권16(No. 666) 大方等如來藏經(佛陀跋陀羅 譯) 卷第1

"如是善男子야 佛見衆生如來藏已하니 欲令開敷爲說經
法하리니 除滅煩惱하면 顯現佛性하느니라 善男子야 諸佛
法爾若佛出世若不出世하든지 一切衆生에 如來之藏하여
常住不變하니 但彼衆生煩惱覆故로 如來出世廣爲說法
하리니 除滅塵勞하며 淨一切智하느니라 善男子야 若有菩
薩信樂此法하며 專心修學하면 便得解脫하여 成等正覺普
爲世間施作佛事하리라"

"이와 같이 선남자야! 여래는 중생에게 여래장이 감추어
져 있음을 보고 열어 펼쳐 보이기 위해 경법經法을 설하니
번뇌를 제거해 없애면 불성이 드러나느니라. 선남자야!
모든 부처님께서 법답게(法爾), 부처님께서 세상에 출현
하든지 출현하지 않든지, 일체 중생에게 여래가 감추어
져 항상 머물러 변하지 않으니, 다만 저 중생들이 번뇌에
덮여있기 때문에 여래는 세간에 나와 중생을 위해 널리
법을 설說하고 진로塵勞를 없애고 일체지一切智를 밝히느
니라. 선남자야! 만약 보살이 이 법을 믿어 좋아하며 전심
으로 닦아 배우면 곧 해탈을 얻어 등정각等正覺을 얻어 널
리 세간을 위해 불사佛事를 베풀어 지으리라."[99]

[99] 대정장大正藏 권16(No. 666) 大方等如來藏經(佛陀跋陀羅 譯) 卷第1

"爾時世尊以偈頌曰하니 譬如萎變花는 其花未開敷하나 天眼者觀見하나니 如來身無染이라 除去萎花已하면 見無礙하니 導師가 爲斷煩惱故로 最勝出世間하였네 佛觀衆生類하니 悉有如來藏이라 無量煩惱覆하니 猶如穢花纏이라 我爲諸衆生하여 除滅煩惱故로 普爲說正法하니 令速成佛道이라 我已佛眼見하니 一切衆生身에 佛藏安隱住하니 說法令開現하리라 復次善男子야 譬如淳蜜在巖樹中하니 無數群蜂이 圍繞守護하니라 時有一人巧智方便으로 先除彼蜂하면 乃取其蜜하여 隨意食用惠及遠近하리라 如是善男子야 一切衆生有如來藏하니 如彼淳蜜在于巖樹하여 爲諸煩惱之所覆蔽하나니라 亦如彼蜜群蜂守護하니 我以佛眼如實觀之하여 以善方便隨應說法하리라 滅除煩惱開佛知見하여 普爲世間施作佛事하리라"

"이때에 세존께서 게송으로 말씀하시니, 비유하면 시들어버린 꽃은 그 꽃잎을 펼치지 못하나 천안이 있는 사람은 (시든 꽃잎을 펼치지 않아도 그 속을) 볼 수 있나니, 여래의 몸은 물듦이 없어 시든 꽃잎을 제거하면 걸림이 없어 볼 수 있는 것 같으니, 여래(導師)는 번뇌를 끊기 위한 까닭으로 가장 뛰어나게 세간에서 벗어나셨네.

여래가 중생의 무리를 관찰하니, 모두 여래장이 있음이라. 한량없는 번뇌에 덮여 있으니 마치 시든 꽃잎에 덮여 있는 것 같네. 내가 모든 중생을 위해 번뇌를 없애기 때문에 널리 정법을 설하니 빨리 불도를 이루게 함이네. 내가 불안佛眼으로 보니, 일체 중생의 몸에 부처가 편안히 감추어져 있으니, 법을 설하여 열어 보이리라.

또 선남자야! 비유하면 순수한 꿀이 바위 수풀 속에 있는데 수많은 벌떼가 그 꿀을 둘러싸고 보호하는 것과 같으니, 이때에 한 사람이 뛰어난 지혜와 방편으로 벌떼를 없애면 그 꿀을 얻는 것과 같아서 마음대로 멀고 가까운 꿀을 독차지해서 먹을 수 있다. 이와 같이 선남자야! 일체 중생이 여래장이 있으니, 저 순수한 꿀이 바위 수풀 속에 있는 것 같이 (여래장을) 번뇌가 덮고 있는 것 같다. 또 저 꿀을 벌떼가 보호하고 있는 것 같으니, 내가 불안으로 진실하게 관찰하여, 뛰어난 방편으로 근기 따라 설법하리라. 번뇌를 없애 불지견佛知見을 열어 널리 세간을 위해 불사佛事를 베풀어 지으리라."[100]

【해설】 꽃잎, 꿀, 벌떼 등으로 여래장과 번뇌를 비유하였다.

---

[100] 대정장大正藏 권16(No. 666) 大方等如來藏經(佛陀跋陀羅 譯) 卷第1

선어록인 『명추회요冥樞會要』에도 유사한 내용이 있어 소개한다.

"經云하시되 衆生身中에 有佛三十二相八十種好하고 坐寶蓮華하니 與佛無異라 但爲煩惱所覆故로 未能得用하니라 此是具有佛知見根性하나 未有知見用하니 卽是猶故愚라 乃至譬如小兒具有大人六根에 與大人不異하여 在其身中하나 而未能有大人用하니 至漸長大하여 復須學問하여야 乃有大人知見力用也하니라 若根性是有라면 作用豈無인가 如種子本甘하면 結果非苦하니라 只恐不知有하여 自認作凡夫하니라 眞性常了然하여 未曾暫隱覆이라 如佛言하시되 如來實無秘藏이라 何以故오 如秋滿月이 處空顯露하면 淸淨無翳하여 人皆睹見이라"

"경에서 이르기를, '중생의 몸에 부처님의 32상과 80종호를 갖추고 보배 연꽃에 앉아 있으니 부처님과 다름이 없다. 다만 번뇌에 덮여 있기 때문에 아직 사용할 수 없을 뿐이다.' 이는 부처의 지견知見과 근성根性을 갖추고 있지만 아직 불지견(부처의 지견)의 작용을 갖추고 있지 못한 것이니, 마치 예전의 어리석은 상태인 것과 같다. 나아가 비유하면 어린이가 어른의 6근을 갖추고 있음에는 어른과 다름이 없이 그 몸 안에 있지만, 아직 어른의 작용을 가질 수 없으니, 점차 자라 성장하고 또 학문을 해야만 어른의 지견과 작용을 가지게 된다. 만약 근성이 있다고 한다면 어찌 작용이 없겠는가? 마치 종자가 본래 달다면 열매가 쓰지 않은 것과 같다.

단지 이러한 것을 가지고 있는 줄 알지 못하여 스스로 범부라고 알까봐 걱정될 뿐이다. 참다운 성품은 항상 분명하여 일찍이 잠시도 숨거나 가려짐이 없다.

부처님께서 '여래는 실로 감추어 숨기는 것이 없다. 어째서인가? 마치 가을에 보름달이 허공에 뜨면 가림이 없어 사람들이 모두 볼 수 있는 것과 같다.'라고 말씀하셨다."[101]

『무상의경無上依經』을 보면 법신은 너무나 불가사의한 경지라서 성문과 연각의 지혜로서는 알 수 없다는 부분이 나온다.

"阿難아 如來法身是一切種智之境界故로 聲聞緣覺은 不

---

101 『명추회요冥樞會要』제19권 6판, CBETA 漢文大藏經, http:// tripitaka.cbeta.org

能觀察如來法身하여 顚倒修習不可拔斷하니라"

"아난아! 여래의 법신은 일체종지의 경계이므로 성문과 연각은 여래의 법신을 관찰할 수 없어 전도된 닦아 익힘을 뽑아서 끊지 못한다."[102]

『무상의경』에서 법신에 관한 부분을 계속 살펴보자.

"阿難아 一切阿羅漢辟支佛大地菩薩이 爲四種障으로 不得如來法身四德波羅蜜하니 何者爲四인가 一者生緣惑이고 二者生因惑이며 三者有有이며 四者無有이다 何者生緣惑인가 卽是無明住生一切行이니 如無明生業하나니라 何者是生因惑인가 是無明住地所生諸行이니 譬如無明所生諸業하나니라 何者有有인가 緣無明住地하고 因無明住地하고 所起無漏行인 三種意生身하나니라 譬如四取爲緣이니 三有漏業爲因起三種有이다 何者無有인가 緣三種意生身한 不可覺知微細墮滅이다 譬如緣三有中生念念老死하니 無明住地一切煩惱是其依處未斷除故로 諸阿

102 대정장大正藏 권16(No. 669) 佛說無上依經(梁天竺三藏眞諦 譯) 無上依經 菩提品 第三

羅漢及辟支佛自在菩薩이 不得至見煩惱垢濁習氣臭穢
한 究竟滅盡大淨波羅蜜하느니라

因無明住地起輕相惑하여 有虛妄行未滅除故로 不得至
見無作無行極寂大我波羅蜜하느니라 緣無明住地因微細
虛妄起無漏業하여 意生諸陰未除盡故로 不得至見極滅
遠離大樂波羅蜜하여 若未能得一切煩惱諸業生難永盡
無餘인 是諸如來爲甘露界하면 則變易死斷流滅無量하여
不得至見極無變異大常波羅蜜하느니라"

"아난아, 일체의 아라한과 벽지불과 대지大地의 보살은
네 가지 장애 때문에 여래의 법신의 네 가지 덕의 바라밀
을 얻지 못한다. 무엇을 넷이라 하는가? 하나는 생연生緣
의 미혹이며, 둘은 생인生因의 미혹이며, 셋은〔남아 있는
생生인〕유有가 있음이며, 넷은〔남아 있는 생生인〕유有가
없는 것이다.

무엇이 생인生因의 미혹인가? 곧 이는 무명無明에 머물러
낳는(生) 모든 행行이니 무명이 업을 낳는(生) 것과 같다.
무엇을 생연生緣의 미혹이라고 하는가? 이는 무명주지無
明住地[103]가 낳는(生) 모든 행이다. 비유하면 무명이 낳는

---

103 무명주지無明住地: 5주지五住地의 하나. 근본무명을 말한다. 무명
은 모든 번뇌의 소이所以 소주所住가 되고, 또 번뇌를 내는 근본이

(生) 모든 업과 같다. 무엇이 〔남아 있는 생生인〕 유有의 있음인가? 무명주지無明住地를 연緣으로 하고 무명주지無明住地에서 낳는 무루행無漏行을 인因으로 하는 3가지 의생신意生身이다. 비유컨대 네 가지 취함(四取)을 연으로 하고 3가지 유루업을 인因으로 하여 3가지 유有를 일으킴과 같다.

무엇이 〔남아 있는 생生인〕 유有가 없는 것인가? 3가지 의생신을 연緣한, 깨달아 알 수 없는 미세한 멸滅에 떨어지는 것이다. 비유컨대 세 가지 유有로 연緣하여 그중에서 찰나찰나 노사老死를 발생함과 같다. 무명주지無明住地, 이것은 일체의 번뇌가 의지하는 곳으로 아직 끊어 없애지 못하는 까닭에 모든 아라한과 그리고 벽지불과 자재한 보살은 번뇌의 때, 습기의 더러운 냄새가 멸하고 다한 구경의 크게 깨끗한 바라밀을 완전하게 볼 수 없다. 무명주지無明住地를 인因하여 경상혹輕相惑을 낳고 허망한 행이 있어 아직 없애지 못하였기 때문에, 지음이 없고 행함이 없는 지극히 적멸한 대아大我의 바라밀을 완전하게 볼 수 없다.

되므로 주지住地라 한다.(『불교대사전』 상권, p.642, 김길상 편저, 홍법원)

무명주지無明住地를 연緣으로 하고, 미세한 허망함이 일어나는 무루업을 인因으로 하여 뜻이 낳는 모든 쌓임(諸陰)이 아직 다하여 없어지지 않았기 때문에 지극히 적멸하여 멀리 떠난 큰 즐거움의 바라밀을 완전하게 볼 수 없다. 만약 이 모든 여래의 감로계인, 일체 번뇌의 모든 업의 생난生難[104]을 길이 다하여 남음이 없음을 얻지 못하면, 곧 변역사變易死와 단유멸斷流滅이 무량하여, 변이變異가 지극히 없는 크게 항상한 바라밀(極無變異大常波羅蜜)을 완전하게 볼 수 없다."[105]

【해설】아라한, 벽지불, 대지보살大地菩薩도 4가지 장애가 있어서 여래의 완전한 경지와는 같지 않음을 밝혔다. 분단생사分斷生死란 분단신分斷身을 갖는 범부가 나고 죽어 윤회하는 것을 말하고, 변역생사變易生死란 변역신(變易身, 즉 의생신)을 가지는 여래가 아닌 아라한과 벽지불과 대지보살大地菩薩의 생사여서 여래의 완전한 해탈과는 다르다. 변역사變易死와 단유멸斷流滅이 있는 경지는 완전

---

104 생난生難: 생生의 더러움.

105 대정장大正藏 권16(No. 669) 佛說無上依經(梁天竺三藏眞諦 譯) 無上依經 菩提品 第三

한 여래의 경지가 아님을 말하고 있다.

『초기 선종 동산법문과 염불선』이란 책에서는 아래와 같이 이에 관한 부분을 설명하고 있다.

"생사生死에는 범부중생의 분단생사分段生死와 삼계三界를 벗어난 보살지에서의 부사의변역생사不思議變易生死가 있다. 보살의 변역생사는 이미 삼계를 벗어났지만, 원력으로 삼계에 오되 인연을 보아 스스로 선택하여 자유롭게 온다. 과업을 마치고 갈 때도 걸림 없이 자유롭다. 이 성자들은 무루無漏 비원력으로 세묘무한細妙無限한 몸을 받으며, 무루無漏 정원력定願力의 도움으로 묘용妙用이 헤아릴 수 없으므로 부사의변역생사라 한다.
『능가경(7권본)』권제3 집일체법품에 '성문과 연각은 법무아를 아직 깨우치지 못하여 부사의변역생사不思議變易生死라 이름하지 못한다.' 하였고, 동同 권6 게송품에는 '부사의변역생사는 아직 습기를 지니고 있으나, 변역생사를 영원히 다할 때, 번뇌의 그물 모두 끊어지네.'라 하였다."106

---

106 『초기 선종 동산법문과 염불선』, p.137, 원조 박건주 지음, 비움과

위의 구절을 『능가경』에서 찾아보면 다음과 같다.

"佛言大慧여 聲聞緣覺無自槃涅槃故로 我說一乘하니라
以彼但依如來所說하여 調伏遠離하여 如是修行하고 而得
解脫하니 非自所得이니라 又彼未能除滅하니 智障及業習
氣로 未覺法無我하니 未名不思議變易死니라 是故로 我說
以爲三乘하니라 若彼能除一切過習하고 覺法無我하면 是
時乃離三昧所醉하여 於無漏界에서 而得覺悟已하여 於出
世上上無漏界中에 修諸功德하며 普使滿足하여 獲不思議
自在法身하느니라"

"부처님께서 말씀하셨다. '대혜여! 성문과 연각은 스스로
반열반함이 없으므로 내가 일승一乘을 말하였느니라. 그
들은 다만 여래가 설한 바에 의지하여 조복하고 멀리 여
의어 이와 같이 수행하고 해탈을 얻으니 스스로 얻은 것
이 아니니라. 또 그들은 아직 제거하여 없애지 못했으니
지장(智障, 소지장)과 업습기로 법무아를 아직 깨닫지 못
하니 부사의변역사라 이름하지 않느니라. 이런 까닭으
로 내가 삼승(三乘; 성문승, 연각승, 보살승)을 설하니라. 만

소통.

약 그들이 모든 과거의 습을 제거하고 법무아를 깨달을
수 있으면 이때 곧 삼매에 취한 바를 떠나 무루계에서 깨
달을 수 있어, 세간을 벗어난 높고 높은 무루계 가운데서
모든 공덕을 닦아 널리 만족하게 하여 부사의자재법신을
얻느니라.'"107

"不思變易死는 猶與習氣俱하나 若死永盡時에 煩惱網已
斷하네"

"부사변역사는 오히려 습기와 함께 있으나, 만약 사(死,
부사의변역사)가 영원히 다할 때에 번뇌의 그물이 끊어
지네."108

따라서 아라한, 벽지불, 대지보살은 분단생사는 하지 않지
만, 부사의변역사가 있어서 완전히 번뇌가 다한 것은 아니라
는 것을 알 수 있다.

아래에 『승만경勝鬘經』109을 보면, 아라한조차도 아직 번뇌

---

107 대정장大正藏 권16 大乘入楞伽經 卷第三 集一切法品 第二之三

108 대정장大正藏 권16 大乘入楞伽經 卷第六 偈頌品 第十之初

109 대보적경 권제119 제48회 승만부인회(大寶積經 卷第一百一十九
     大唐三藏菩提流志奉 詔譯 勝鬘夫人會 第四十八)

가 다하지 않아서 두려움을 느끼고 완전한 안락을 누리지 못한다는 구절이 나온다.

"阿羅漢有怖畏想歸依如來하니 何以故오 阿羅漢於一切
行에 住怖畏想하니 如人執劍欲來害己하나이다 是故로 阿
羅漢不證出離究竟安樂하나이다 世尊이시여 依不求依하
니 如諸衆生無有歸依彼彼恐怖하여 爲安隱故求於歸依
하나이다"

"'아라한은 두렵고 무섭다는 생각이 있어서 여래에게 귀
의하니 어째서인가?' '아라한은 일체의 행行에 두렵고 무
섭다는 생각에 머무니 마치 어떤 사람이 칼을 들고 자신
을 해치러 오는 것과 같습니다. 이런 까닭으로 아라한은
[3계에서 벗어난]구경의 안락을 증득하지 못합니다. 세존
이시여! 의지처가 되는 존재는 의지처를 구하지 않나니,
중생은 귀의할 것이 없으므로 여기저기에서 두려워하여,
편안해지기 위해 귀의할 곳을 구합니다.'"

"世尊이시여 如是阿羅漢有恐怖故歸依如來하나이다 是故
로 阿羅漢及辟支佛은 生法有餘하니 梵行未立하고 所作

未辦하여 當有所斷未究竟故로 去涅槃遠하나이다 何以故
오 唯有如來應正等覺이 證得涅槃하여 成就無量不可思
議一切功德하니 所應斷者皆悉已斷하고 究竟淸淨하며 爲
諸有情之所瞻仰하여 超過二乘菩薩境界하나이다 阿羅漢
等則不如是하여 言得涅槃은 佛之方便이니 是故로 阿羅
漢等去涅槃遠하나이다"

"세존이시여! 이와 같이 아라한은 공포가 있으므로 여래
에게 귀의하나이다. 이런 까닭으로 아라한과 벽지불은
태어날 생生이 남아 있고, 청정한 행(梵行)이 아직 확립되
지 않았고, 해야 할 바를 다 하지 못하여 끊어야 할 바가
있어 아직 구경이 아니므로 열반과는 거리가 있습니다.
어째서 그렇습니까? 오직 여래·응공·정등각만이 열반
을 증득하여 무량하고 불가사의한 일체공덕을 성취하셨
나니 마땅히 끊어야 할 것은 모두 다 이미 끊으셨고, 구경
에 청정하여 모든 중생들의 우러러 바라보는 바가 되어 2
승보살의 경계를 뛰어 넘었나이다. 아라한 등은 이와 같
지 않아서 열반을 얻었다고 말하는 것은 부처님께서 방
편으로 하신 것입니다. 이런 까닭으로 열반과의 거리가
먼 것입니다."

계속해서, 아라한과 벽지불은 분단생사는 없지만 변역생사가 있다고 설한다.

❀

"世尊說阿羅漢及辟支佛이 觀察解脫四智究竟得蘇息者는 皆是如來隨他意語不了義說하니 何以故오 有二種死하니 何等爲二인고 一者分段이요 二者變易이라 分段死者는 謂相續有情이오 變易死者는 謂阿羅漢及辟支佛自在菩薩이 隨意生身乃至菩提하나이다 二種死中에 以分段死說阿羅漢及辟支佛이 生於我生已盡之智하니 由能證得有餘果故로 生於梵行已立之智하나이다 一切愚夫所不能作하고 七種學人未能成辦하여 相續煩惱究竟斷故로 生於所作已辦之智하나이다 世尊이시여 說生不受後有智者는 謂阿羅漢及辟支佛이 不能斷於一切煩惱하니 不了一切受生之智하나이다 何以故오 是阿羅漢及辟支佛이 有餘煩惱不斷盡故로 不能了知一切受生하나이다"

"세존께서 설하신 아라한과 벽지불이 4지四智를 관찰, 해탈하여 평온함(蘇息)을 얻었다고 하신 것은 모두 여래께서 그의 뜻에 따라 불요의설(不了義說, 이치를 완전히 드러내지 않은 것)을 말씀하신 것입니다. 어째서 입니까? 2가지 죽음이 있으니 무엇이 두 가지입니까? 첫째는 분단이요 둘째는 변역입니다. 분단생사는 중생을 계속 지속시키는 것이요 변역생사는 아라한, 벽지불과 자재(自在, 자유로운)한 보살이 의생신으로 깨달음에 이르는 것을 말합니다. 2가지 생사 중에 분단생사를 가지고 자신의 삶이 이미 다했다는 지혜가 생긴 것이니, 유여(有餘, 남은 것이 있음)의 과果를 증득할 수 있었기 때문에 청정한 행(梵行)을 이미 확립했다는 지혜가 생긴 것입니다. 일체의 어리석은 범부들이 할 수 없고 7종의 학인(四向四果 중 아라한 밑의 7단계)이 아직 다하지 못한 것, 상속하는 번뇌를 완전히 끊었기 때문에 할 일을 이미 다하였다는 지혜가 생긴 것입니다.

세존이시여! 후유(後有, 다음 생)를 받지 않는다는 지혜가 생긴 것을 말한 것은 아라한과 벽지불이 일체의 번뇌를 끊고 일체의 생生을 받지 않는다는 지혜를 완성했다는 것은 아닙니다.

어째서입니까? 아라한과 벽지불은 남은 번뇌가 있어 끊어 다하지 못했기 때문에 일체의 받는 생生을 완전하게 알지 못합니다."

한편, 번뇌에는 주지번뇌와 기번뇌 2가지가 있는데, 4가지 주지번뇌를 무명주지가 덮고 있어 여래만이 이것을 없앨 수 있다고 말한다.

❀

"煩惱有二하니 謂住地煩惱及起煩惱니라 住地有四하니
何等爲四인고 謂見一處住地와 欲愛住地와 色愛住地와
有愛住地라 世尊이시여 此四住地는 能生一切遍起煩惱하
나이다 起煩惱者는 刹那刹那與心相應하나이다 世尊이시
여 無明住地는 無始時來心不相應하나이다 世尊이시여 四
住地力은 能作遍起煩惱所依하니 比無明地算數譬喩所
不能及하나이다 世尊이시여 如是無明住地는 於有愛住地
에 其力最大하나이다 譬如魔王色力威德及衆眷屬이 蔽於
他化自在諸天하나니 如是無明住地蔽四住地하나이다 過
恒沙數煩惱所依하고 亦令四種煩惱久住하나이다 聲聞獨
覺智不能斷하니 唯有如來智所能斷하나이다 世尊이시여
如是無明住地其力最大하나이다"

"번뇌에는 둘이 있으니, 주지번뇌住地煩惱와 기번뇌起煩
惱[110]입니다. 주지번뇌에는 넷이 있으니 무엇이 넷입니
까? 견일처주지見一處住地와 욕애주지欲愛住地와 색애주

---

110 주지번뇌住地煩惱: 모든 번뇌가 머무는(住) 근거지(地)가 되는 번
뇌. 기번뇌起煩惱: 현재 일어나서 활동하는 번뇌.

지色愛住地와 유애주지有愛住地[111]입니다. 세존이시여! 이 네 가지 주지번뇌가 일체의 변기번뇌遍起煩惱[112]를 낳습니다. 기번뇌는 찰나찰나 마음과 상응(함께 일어남)합니다.

세존이시여! 무명주지번뇌는 시작이 없는 때부터 마음과 상응하지 않습니다. 세존이시여! 네 가지 주지번뇌의 힘은 변기번뇌가 의지하는 바가 됩니다. 무명주지에 비하면 〔다른 번뇌들은〕 어떤 계산과 비유로도 미칠 바가 못 됩니다. 세존이시여! 이와 같이 무명주지는 유애주지에 비해 그 힘이 가장 큽니다. 비유하면 마치 마왕의 힘과 위력과 덕 그리고 권속이 타화자재천을 덮어버리는 것처럼 이와 같이 무명주지가 네 가지 주지번뇌를 가립니다. 항하사보다 많은 번뇌의 의지가 될 뿐 아니라 또한 네 가지 번뇌가 오래 머물게 합니다. 성문과 독각의 지혜로는

---

111 견일체처주지: 一切見住地惑이라고도 함. '나'라는 생각을 바탕으로 해서 일어나는 견해.

욕애주지: 애욕과 탐착을 바탕으로 일어나는 번뇌.

색애주지: 견해, 무명, 외부적인 욕망 등 욕계의 번뇌를 떠나 색계의 수행자들이 자신의 몸 하나에 집착하는 번뇌.

유애주지: 몸에 대한 집착은 벗어났지만 '자기'에 집착하는 번뇌.

112 변기번뇌: 기번뇌의 속성을 표현한 말. 현행(現行, 현재 일어나서 활동하는)의 기번뇌는 다양한 형태로 어느 방면에서나 일어난다는 뜻.

끊을 수 없고 오직 여래의 지혜를 가져야만이 끊을 수 있습니다.

세존이시여! 이와 같이 무명주지의 힘이 가장 큽니다."

"世尊이시여 如取爲緣有漏業因而生三有하듯 如是無明住地爲緣無漏業因能生阿羅漢及辟支佛大力菩薩隨意生身하나이다 此之三地隨意生身及無漏業은 皆以無明住地爲所依處하나이다 彼雖有緣亦能爲緣하나이다 世尊이시여 是故로 三種隨意生身及無漏業이 皆以無明住地爲緣하니 同於有愛하나이다"

"세존이시여! 집착(取)이 연緣이 되어 유루업有漏業이 그것을 바탕으로 3유(三有; 욕계, 색계, 무색계)를 만드는 것처럼, 이와 같이 무명주지가 연緣이 되어 무루업無漏業이 그것을 바탕으로 아라한, 벽지불과 대력보살의 생각대로 생기는 몸(의생신)을 만듭니다. 이 세 가지(아라한, 벽지불, 대력보살)의 생각대로 생기는 몸(의생신)과 무루의 업은 모두 무명주지를 의지처로 합니다.[113] 그것(무명주지)

---

113 무명주지가 연緣이 되어 아라한, 벽지불, 대력보살의 의생신을 만들므로, 의생신을 성취해도 완전한 경지가 아니며, 의생신 성취 후에 무명주지까지 완전히 제거된 경지가 부처님의 경지임을 알

이〔3유의 중생과 의생신에게〕 연緣이 되기도 하나, 또한 그것이 연緣하는 기능을 가지기도 합니다.(유루업을 통해서 받은 몸이든 무루업을 통해서 받은 몸이든 무명주지를 근거로 하며, 이 둘이 서로 능연能緣·소연所緣의 관계에 있다는 뜻)

세존이시여! 이런 까닭으로 3가지 의생신과 무루의 업이 모두 무명주지를 연緣으로 삼는다 하니 유애주지도 같습니다."

"世尊이시여 有愛住地는 不與無明住地業同하나니 無明住地異四住地하나이다 異四住地하므로 唯佛能斷하나이다 何以故오 阿羅漢辟支佛은 斷四住地하나 於漏盡力不得自在하여 不能現證하니 何以故오 世尊이시여 言漏盡之增語하나이다 是故阿羅漢辟支佛及最後有諸菩薩等이 爲無明地所覆蔽故로 於彼彼法不知不見하니 以不知見於彼彼法하여 應斷不斷하고 應盡不盡하여 於彼彼法不斷不盡故로 得有餘解脫하니 非一切解脫하나이다 得有餘淸淨하여 非一切淸淨하니 得有餘功德하고 非一切功德하나이다 世尊이시여 以得有餘解脫非一切解脫로 乃至有餘功德非一切功德故로 知有餘苦하고 斷有餘集하여 證有餘滅하

수 있다.

고 修有餘道하나이다"

"세존이시여! 유애주지는 무명주지와는 업이 같지 않나니, 무명주지는 네 가지 주지번뇌와 다릅니다. 네 가지 주지번뇌와 다르므로 오직 부처님만이 끊을 수 있습니다. 어째서입니까? 아라한과 벽지불은 네 가지 주지번뇌를 끊었지만, 번뇌를 다하는 힘이 자재하지 못하여 현증現證하지 못하니 어째서입니까? 세존이시여! [그들은 번뇌가 다 하지 않았는데도] 번뇌가 다했다는 자만의 말을 합니다. 이런 까닭으로 아라한과 벽지불과 최후의 생이 남은 모든 보살 등은 무명주지에 덮여 가려지기 때문에 이런저런 법들을 알지 못하고 보지 못하니 이런저런 법들을 알지 못하고 보지 못하므로 응당 끊어야 할 것을 끊지 못하고 응당 다해야 할 것을 다하지 못하니 유여해탈(有餘解脫, 남음이 있는 해탈)을 얻어 일체에서 해탈하지 못하나이다. 유여청정(有餘淸淨, 남음이 있는 청정)을 얻어 일체에서 청정하지 못하니 유여공덕(有餘功德, 남음이 있는 공덕)을 얻어서 일체에서 공덕이 되지 못합니다.

세존이시여! 유여해탈을 얻어 일체에서 해탈하지 못함으로부터 내지 유여공덕을 얻어 일체에서 공덕이 되지 못하는 까닭으로 유여고(有餘苦, 남음이 있는 고통)를 알고 유여집(有餘集, 남음이 있는 集)을 끊어 유여멸(有餘滅, 남음이 있는 滅)을 증득하고 유여도(有餘道, 남음이 있는 道)를 닦나이다."

"諸起煩惱는 一切皆依無明住地하나이다 無明住地가 爲因緣故이니다 世尊이시여 此起煩惱는 刹那刹那與心相應하나이다 世尊이시여 無明住地從無始來心不相應하나이다 世尊이시여 若復過恒河沙如來菩提와 佛金剛智所應斷法은 一切皆是無明住地에 依持建立하나이다 譬如一切種子叢林이 皆依大地之所生長하여 若地壞者彼亦隨壞하면 彼亦隨壞하나이다 如是過恒沙等如來菩提와 佛金剛智所應斷法이 一切皆依無明住地之所生長하니 若彼無明住地斷者하면 過恒沙等如來菩提와 佛金剛智所應斷法이 皆亦隨斷하나이다 如是過恒沙等所應斷法과 一切煩惱及起煩惱가 皆已斷故로 便能證得過恒沙等不可思議諸佛之法하나이다 於一切法에 而能證得無礙神通하여 得諸智見하고 離一切過하여 得諸功德爲大法王하며 於法自在하고 證一切法自在之地하여 正師子吼하니 我生已盡하고 梵行已立하며 所作已辦이라 不受後有라 是故世尊이 以師子吼로 依於了義一向記說하나이다"

"모든 기번뇌는 다 무명주지에 의지합니다. 무명주지가 인因이 되고 연緣이 되기 때문입니다. 세존이시여! 이 기번뇌는 찰나찰나 마음과 상응합니다. 세존이시여! 무명주지는 시작 없는 때부터 마음과 함께 일어나지(相應) 않습니다. 세존이시여! 그런데 항하사보다 많은 여래의 깨달음과 부처님의 금강지金剛智로 마땅히 끊어야 할 법이 모두 무명주지에 의해 유지되고 건립됩니다. 비유하면 모든 종자와 정글이 다 대지에 의지해서 생기고 자라듯이 만약 땅이 무너지면 그것들도 따라서 무너집니다. 이와 같이 항하사보다 많은 여래의 깨달음과 부처님의 금강지金剛智로 마땅히 끊어야 할 법이 모두 무명주지에 의지해 생기고 자라나니, 만약 저 무명주지가 끊어지면 항하사보다 많은 여래의 깨달음과 부처님의 금강지金剛智로 마땅히 끊어야 할 법이 모두 따라서 끊어집니다.

이와 같이 항하사보다 많은 마땅히 끊어야 할 법과 일체 번뇌와 기번뇌가 모두 끊어졌기 때문에 곧 항하사보다 많은 불가사의한 모든 부처님의 법을 증득할 수 있습니다. 모든 법에 걸림 없는 신통을 얻고 모든 지혜를 얻어 일체의 허물을 떠나 모든 공덕을 얻어 대법왕이 되며, 법에 자재하고 일체법자재의 지위를 증득하여 '나는 태어남은 이미 다했고 청정한 행(梵行)은 이미 확립되었으며 할 일

을 이미 다하여서 다음 생을 받지 않는다'고 분명하게 사
자후 합니다. 이런 까닭으로 세존께서는 사자후로 주저
없이[114] 바로 요의(了義, 이치를 완전하게 드러냄)에 의지해
서 설설(說說)하십니다."

"世尊이시여 不受後有智有二種하니 何謂爲二인가 一者
謂諸如來以調御力으로 摧伏四魔超諸世間하여 一切有
情之所瞻仰하고 證不思議淸淨法身하나이다 於所知地得
法自在하고 最勝無上更無所作하여 不見更有所證之地하
나이다 具足十力하시고 登於最勝無畏之地하시어 於一切
法無礙觀察하시니 正師子吼하시되 不受後有하나이다 二
者謂阿羅漢及辟支佛은 得度無量生死怖畏하고 受解脫
樂하여 作如是念하니 我今已離生死怖畏하여 不受諸苦하
나이다 世尊이시여 阿羅漢辟支佛은 如是觀察하니 謂不受
後有하나 不證第一蘇息涅槃하나이다 彼等於未證地不遇

---

114 주저없이: 일향기一向記 - 질문에 대답하는 4가지 방법(四記) 중
하나. ① 질문의 내용에 주저없이 바로 긍정하는 방법(一向記, 決定
記), ② 질문을 분석하여 몇 개의 경우로 나누어 대답하는 방법(分
別記), ③ 반문하여 질문의 뜻을 명확히 한 다음 대답하는 방법(詰
問記), ④ 대답할 수 없는 무의미한 질문에 침묵하는 방법(止住記).

法故로 能自解了하니 我今證得有餘依地하여 決定當證
阿耨多羅三藐三菩提하리라 何以故오 聲聞獨覺皆入大
乘하면 而大乘者卽是佛乘이니다 是故三乘卽是一乘이니
다 證一乘者得阿耨多羅三藐三菩提이고 阿耨多羅三藐
三菩提者卽是涅槃이니다 言涅槃者卽是如來淸淨法身이
니다 證法身者卽是一乘이니 無異如來하고 無異法身하여
言如來者卽是法身이니다 證究竟法身者卽究竟一乘이니
다 究竟一乘者卽離相續이니다"

"세존이시여! 다음 생(後有)을 받지 않는 지혜에 두 가지
가 있으니 무엇이 둘입니까? 첫째는 모든 여래께서 잘 다
스리는 힘(調御力)으로 네 가지 마구니를 굴복시키고 세
간을 초월하여 모든 중생의 우러러 바라보는 대상이 되
어 부사의不思議 청정법신을 증득합니다. 알아야 할 자리
에서 자유롭게 법을 얻고 가장 뛰어나고 위없어 더 할 일
이 없으며 다시는 증득할 지위도 보지 않습니다. 열 가지
힘(十力)[115]을 갖추고 가장 뛰어난 두려움 없는 지위에 올

---

115 십력十力: 부처님만이 가지고 있는 열 가지 지혜의 능력. ① 처비처
지력處非處智力: 이치에 맞는 것과 맞지 않는 것을 구별하는 능력,
② 업이숙지력業異熟智力: 선악의 행위와 그 과보를 아는 능력, ③
정려해탈등지등지력靜慮解脫等持等至智力: 모든 선정禪定의 순서

라 일체법에 걸림 없이 관찰하시니, 다음 생(後有)을 받지 않는다고 분명하게 사자후를 하십니다.

둘째는 아라한과 벽지불은 한없는 생사의 두려움을 건너서 해탈의 즐거움을 받으면서 이와 같이 생각하나니 '나는 이제 이미 생사의 두려움을 여의어 모든 고통을 받지 않는다'라고 하는 것입니다.

세존이시여! 아라한과 벽지불은 '다음 생(後有)을 받지 않지만 제일 평온한(蘇息) 열반을 증득한 것은 아니다'라고 관찰합니다. 그들은 아직 증득하지 못한 경지가 있고 법을 만나지 못하였기 때문에 '나는 지금 남음이 있는 경지(有餘依地)를 증득하여 결정코 마땅히 최고의 깨달음을 증득하리라' 하는 것을 스스로 압니다.

어째서입니까? 성문과 독각은 모두 대승大乘에 들어가면, 대승은 바로 불승佛乘입니다. 이런 까닭으로 삼승三乘

와 깊이를 아는 능력, ④근상하지력根上下智力: 중생의 능력이나 소질을 아는 능력 ⑤종종승해지력種種勝解智力: 중생의 여러 가지 뛰어난 판단을 아는 능력, ⑥종종계지력種種界智力: 중생의 여러 가지 근성을 아는 능력, ⑦편취행지력遍趣行智力: 어떠한 수행으로 어떠한 상태에 이르게 되는지를 아는 능력, ⑧숙주수념지력宿住隨念智力: 중생의 전생을 기억하는 능력, ⑨사생지력死生智力: 중생이 죽어 어디에 태어나는지를 아는 능력, ⑩누진지력漏盡智力: 번뇌를 모두 소멸시키는 능력.

이 바로 일승一乘입니다. 일승一乘을 증득하는 것이 최상의 깨달음을 얻는 것이고, 최상의 깨달음이 곧 열반입니다. 열반은 곧 여래의 청정법신을 말하고 법신을 증득하는 것이 곧 일승一乘이니 여래와 다르지 않고 법신과도 다르지 않아 여래란 바로 법신을 말합니다. 구경의 법신을 증득하는 것이 구경의 일승一乘입니다. 구경의 일승이란 곧 상속相續[116]을 떠났다는 것입니다."

"世尊이시여 此聖諦者는 甚深微妙難見難了하여 不可分別하고 非思量境이니 一切世間所不能信하니 唯有如來應正等覺之所能知하니라 何以故오 此說甚深如來之藏하니 如來藏者是佛境界이니 非諸聲聞獨覺所行이니다 於如來藏說聖諦義하여 此如來藏甚深微妙하니 所說聖諦亦復深妙하나이다 難見難了不可分別하여 非思量境이고 一切世間所不能信하니 唯有如來應正等覺之所能知이니이다 若於無量煩惱所纏如來之藏에 不疑惑者하면 於出一切煩惱之藏한 如來法身亦無疑惑하나이다"

---

116 상속(相續, samtati): 앞에 일어난 마음과 뒤에 일어난 마음이 인과 관계로 끊임없이 찰나찰나 이어지는 것을 상속이라 함. 세계도 중생도 모두 이러한 상속의 속성 때문에 유지됨.

"세존이시여! 이 성스러운 진리는 매우 깊고 미묘하여 보기 어렵고 알기 어려워 분별할 수 없고 생각으로 헤아릴 수 없는 경계이니 일체의 세간(중생들)은 믿을 수 없나니, 오직 여래·응공·정등각만이 알 수 있는 것입니다. 어째서입니까? 이것은 매우 깊은 여래장如來藏을 말하니, 여래장은 부처님의 경계이니, 성문과 독각이 행하는 것이 아닙니다. 여래장에서 성스러운 진리의 뜻을 설說하는데 이 여래장이 너무 깊고 미묘해서, 설說하는 성스러운 진리 또한 깊고 미묘합니다. 보기도 어렵고 알기도 어려워 분별할 수 없고 생각으로 헤아릴 수 없는 경계여서 일체의 세간(중생들)이 믿을 수 없으니 오직 여래·응공·정등각만이 알 수 있는 것입니다. 만약 한없는 번뇌가 얽혀 있는 여래장에 대해 의혹하지 않는다면 일체의 번뇌장에서 벗어난 여래의 법신에 대해서도 의혹이 없을 것입니다."

『승만경』에서는 여래장과 법신, 그리고 번뇌의 관계를 짧은 문장으로 설명하고 있다.

"世尊이시여 如來成就過於恒沙具解脫智不思議法를 說名法身하나이다 世尊이시여 如是法身不離煩惱를 名如來

藏하나이다 世尊이시여 如來藏者卽是如來空性之智이니
이다 如來藏者一切聲聞獨覺所未曾見하고 亦未曾得하니
唯佛了知及能作證하나이다"

"세존이시여! 여래께서 항하사보다 많은 해탈하는 지혜
를 갖춘 불가사의한 법을 '법신'[117]이라고 합니다. 세존이
시여! 이런 법신이 번뇌를 떠나 있지 않은 것을 '여래장'
이라고 합니다. 세존이시여! 여래장이란 여래가 가진 공
성空性의 지혜입니다. 여래장은 일체의 성문과 독각이 일
찍이 본 바도 없고 일찍이 증득하지도 못했습니다. 오직
부처님께서만 분명히 알고 증득하실 수 있습니다."

그리고 부처님께서 승만부인에게 성품이 청정한 마음과
그 마음이 번뇌에 오염되는 사실을 알기 어렵다고 말씀하
신다.

"爾時世尊歎勝鬘夫人言하시되 善哉善哉라 如汝所說하

---

117 법신, 보신, 화신이라고 말할 때는 법신이 가장 낮은 단계로, 처음
얻은 의생신을 법신이라 한다. 그러나 경우에 따라서는 법신이 3
신의 3단계를 모두 성취한 단계를 이야기할 때도 있다. 이 점을 유
의하고 경전이나 조사어록을 보아야 한다.

여 性淸淨心隨煩惱染하고 難可了知하느니라 復次勝鬘有
二種法難可了知하니 何等爲二인가 謂性淸淨心難可了
知하고 彼心爲煩惱染함을 亦難了知하니라 如此二法汝及
成就大法菩薩은 乃能聽受하니 諸餘聲聞由信能解하느
니라"

"이때 세존께서 승만부인을 칭찬하여 말씀하시기를, '훌
륭하고 훌륭하다! 네가 말한 바와 같이 성품이 청정한 마
음이 번뇌를 따라서 오염되니 알기가 어렵다. 또 승만아!
2가지 알기 어려운 것이 있나니, 무엇이 2가지인가? 성품
이 청정한 마음을 알기 어렵고, 그 마음이 번뇌에 오염되
는 것을 또한 알기 어렵다. 이런 2가지 법은 너와 큰 법을
성취한 보살은 곧 듣고서 이해할 수 있나니, 다른 나머지
성문은 믿음을 통해 이해할 수 있느니라.'"

이제부터는 경전이 아닌 중국의 조사어록에 나타나는 삼
신三身에 관해 알아보자. 우선『돈황본 단경敦煌本 壇經』에서
삼신三身에 관해 언급한 부분이다.

"化身報身及淨身이여 三身이 元本是一身이라 若向身中
에 覓自見하면 卽是成佛菩提因이로다"

"화신化身, 보신報身 및 정신(淨身, 곧 法身)이여! 세 몸이 원래 한 몸이니, 만약 몸 가운데서 찾아 스스로 보면 곧 부처의 깨달음을 이루는 씨앗이로다."

법신과 보신과 화신이 한 몸이라고 하는 것은 앞에서도 설명했듯이, 법신을 성취하고 차례로 보신과 화신을 성취하므로 근본적으로는 세 몸이 하나라고 할 수 있고, '몸 가운데서 찾는다'고 한 것은 남방 불교의 빨리어 경전인 『싸만나팔라경(Samannaphalasutta, D.N. I. 47)』에서도 언급했듯이 '이 몸으로부터 형상을 가지고, 마음으로 이루어지고, 모든 수족이 다 갖추어지고, 감각기능(根)이 결여되지 않은 다른 몸을 만들어 낸다.'는 구절과 일치한다.

『명추회요冥樞會要』에도 위와 유사한 내용이 있다.

"三摩地經云하되 於其一切有情身中에 普能示現一有情身하고 又能於一有情身中에 普現一切有情之身 하니라 有情身中에 能現法身하고 又能於法身中에 現有情身하니 乃至能以一身에 隨念悟入一切衆生無際劫數하여 普現所作業果異熟하고 隨其所應하여 開悟有情하며 悉令現見하고 皆得善巧하니라"

"『삼마지경三摩地經』에서 이르기를 '일체 유정有情의 몸속
에서 한 유정의 몸을 두루 나타내 보일 수 있다. 또 한 유
정의 몸속에서도 일체 유정의 몸을 두루 나타내 보일 수
있다. 유정의 몸속에 법신을 나타낼 수 있고 또 법신 속에
도 유정의 몸을 나타낼 수 있다. 내지 하나의 몸으로 일체
중생의 끝없는 겁수에 생각을 따라 깨달아 들어가 지은
업의 과果가 다르게 성숙하는 것을 두루 나타내며, 감응
하는 바에 따라 중생을 깨닫게 해서 모든 것이 나타나 보
게 하고 모두가 좋은 방편을 얻게 한다.' 하였다."[118]

계속해서 『육조단경六祖壇經』의 삼신三身에 대한 내용이
있는 부분이다.

"善知識아 憁須自體로 以受無相戒하되 一時에 逐惠能口
道하라 令善知識으로 見自三身佛하리라 於自色身에 歸依
清淨法身佛하며 於自色身에 歸依千百億化身佛하며 於
自色身에 歸依當來圓滿報身佛하라(已上三唱) 色身은
是舍宅이라 不可言歸하니 向者三身이 在自法性하여 世
人盡有하되 爲迷不見하여 外覓三身如來하고 不見自色身

118 『명추회요冥樞會要』제28권 4판, CBETA 漢文大藏經.

中三性佛하나니라 善知識아 聽하라 與善知識說하야 令善
知識으로 於自色身에 見自法性이 有三身佛케하리라"

"선지식들아! 모두 반드시 자신의 몸으로 형상 없는 계
(無相戒)를 받되, 동시에 혜능의 입을 따라 말하라. 선지
식들이 자신의 삼신불三身佛을 보게 하리라. '나의 색신
色身의 청정법신불에 귀의하며, 나의 색신의 천백억화신
불에 귀의하며, 나의 색신의 당래원만보신불에 귀의합니
다'(이상 세 번 부름) 하라. 색신은 집이므로 귀의한다 말
할 수 없다. 앞의 삼신三身은 자신의 법성法性에 있어 세상
사람이 모두 가지되 미혹하여 보지 못하니 밖으로 세 몸
의 여래를 찾고 자신의 색신 가운데 삼성불三性佛은 보지
못하느니라. 선지식들아! 들어라. 선지식들에게 설說해
주어 선지식들이 자신의 색신에서 자신의 법성이 삼신불
을 가졌음을 보게 하리라."

"此三身佛은 從性上生하니 何名淸淨法身佛인가 善知識
아 世人性本自淨하여 萬法在自性이어서 思量一切惡事하
면 卽行於惡하고 思量一切善事하면 便修於善行하니 知
如是一切法이 盡在自性하여 自性常淸淨하라 日月常明하
나 只爲雲覆蓋하니 上明下暗하여 不能了見日月星辰이다

가 忽遇慧風吹散하여 卷盡雲霧하면 萬像森羅가 一時皆
現하나니라 世人性淨猶如淸天하여 惠如日智如月하니 智
惠常明하되 於外着境하여 妄念浮雲蓋覆하여 自性不能明
이라 故遇善知識開眞法하여 吹却迷妄하면 內外明徹하여
於自性中에 萬法皆現하여 一切法自在性을 名爲淸淨法
身하나니라 自歸依者除不善行을 是名歸依하나니라"

"이 삼신불三身佛은 성품에서 생기니 무엇을 청정법신불
이라고 하는가? 선지식들아! 세상 사람의 성품이 본래 스
스로 깨끗하여 만법이 자성自性에 있어서 일체의 악한 일
을 생각하면 곧 악을 행하고 일체의 선한 일을 생각하면
문득 선행을 닦나니, 이와 같이 모든 법이 자성 속에 있
어 자성은 항상 청정함을 알라. 해와 달은 항상 밝으나 다
만 구름에 덮여서 위는 밝고 아래는 어두워서 일월성신
을 볼 수 없다가 홀연히 지혜의 바람이 구름과 안개를 다
걷어 흩어버리면 삼라만상이 일시에 모두 드러나느니라.
세상 사람들의 성품이 깨끗함이 마치 맑은 하늘과 같아
서, 혜慧는 해와 같고, 지智는 달과 같다. 지혜는 항상 밝되
밖으로 경계에 집착하여 망념의 뜬 구름이 덮여 자성이
밝을 수 없음이라. 그러므로 선지식이 참다운 법을 열어
줌을 만나 미망을 불어 흩어버리면 안팎이 밝게 사무쳐

자성 가운데에 만법이 모두 드러나 일체법에 자재한 성
품을 청정법신이라 한다. 스스로 귀의함이란 착하지 못
한 행을 없애는 것을 귀의함이라 한다."

❀

"何名爲千百億化身佛인가 不思量하면 性卽空寂하되 思
量하면 卽是自化라 思量惡法하면 化爲地獄이요 思量善
法하면 化爲天堂하고 毒害는 化爲畜生하며 慈悲는 化爲
菩薩하며 智慧는 化爲上界하고 愚癡는 化爲下方하여 自
性變化甚多하니 迷人은 自不知見이로다 一念善하면 知惠
卽生하나니 此名自性化身하나니라"

"무엇을 천백억화신이라 하는가? 생각으로 헤아리지 않
으면 성품이 곧 비어 고요하지만 생각으로 헤아리면 곧
스스로 변화한다. 악한 법을 생각하면 변화해서 지옥이
되고, 착한 법을 생각하면 변화하여 천당이 되고, 독과 해
침은 변화하여 축생이 되고, 자비는 변화하여 보살이 되
며, 지혜는 변화하여 높은 세계가 되고, 어리석음은 변화
하여 낮은 세계가 되니, 이 같이 자성의 변화가 매우 많으
니, 미혹한 사람은 스스로 알고 보지 못함이로다. 한 생
각이 선하면 지혜가 곧 생기니, 이것을 자성의 화신이라
한다."

"何名圓滿報身인가 一燈이 能除千年闇하고 一智能滅 萬年愚하나니 莫思向前하고 常思於後하라 常後善念을 名 爲報身하나니라 一念惡報는 却千年善止하고 一念善報는 却千年惡滅하나니 無始已來로 後念善을 名爲報身하나 니라 從法身思量이 卽是化身이요 念念善이 卽是報身이요 自悟自修卽名歸依也하나니라 皮肉은 是色身이며 是舍宅 이라 不在歸依也하니 但悟三身하면 卽識大意로다"

"무엇을 원만보신불이라 하는가? 하나의 등불이 천 년 간 의 어둠을 없애고 하나의 지혜가 만 년의 어리석음을 없 애니 과거를 생각 말고 항상 미래를 생각하라. 항상 미래 의 생각이 선한 것을 보신이라 하느니라. 한 생각의 악한 과보는 천 년의 선함을 물리쳐 그치게 하고 한 생각의 선 한 과보는 천 년의 악을 물리쳐 없애나니, 시작 없는 때로 부터 미래의 생각이 선한 것을 보신이라 하느니라. 법신 을 좇아 생각함이 곧 화신이요, 찰나찰나의 생각이 선한 것이 곧 보신이요, 스스로 깨쳐 스스로 닦음을 귀의라고 한다. 가죽과 살은 색신이며 집이라서 귀의할 것이 아니 니 다만 삼신三身만 깨달으면 곧 큰 뜻을 아는 것이다."

3신三身과 4지四智를 갖추는 것을 부처가 되는 것이라고 앞에서 설명했는데, 3신과 4지의 관계에 대해서는『돈오입도요문론』[119]에서 찾아볼 수 있다.

"問하니 轉八識成四智하며 束四智成三身이라하니 幾箇識이 共成一智하며 幾箇識이 獨成一智오 答하되 眼耳鼻舌身此五識이 共成成所作智요 第六이 是意이니 獨成妙觀察智요 第七心識은 獨成平等性智요 第八含藏識은 獨成大圓鏡智니라 問이라 此四智爲別인가 爲同인가 答이라 體同別名하느니라"

"8식을 변화시켜 4지四智를 이루며 4지를 묶어서 3신三身을 이룬다고 하니 몇 개의 식識이 하나의 지혜를 함께 이루며, 몇 개의 식이 하나의 지혜를 홀로 이룹니까?"
"눈, 귀, 코, 혀, 몸의 이 다섯 식이 함께 성소작지를 이루

---

119 돈오입도요문론: 마조 도일馬祖道一 스님의 제자인 대주 혜해大株慧海 스님의 저서. 스님의 전기傳記는 명확하게 기록된 것이 없고 다만『조당집祖堂集』권14,『경덕전등록景德傳燈錄』권6 등에 단편적으로 나타나고 있는데, 이를 종합해 보면 마조 스님을 6년간 모시고 살았다는 사실만이 스님의 생존 연대를 추정할 수 있는 유일한 단서이다.

고, 제6식은 의식意識이니 홀로 묘관찰지를 이루고, 제7
심식은 홀로 평등성지를 이루고, 제8함장식은 홀로 대원
경지를 이루느니라."
"이 4지四智가 각각 다른 것입니까? 같은 것입니까?"
"본체는 같으나, 이름이 다르니라."

"問이라 體旣同이라면 云何名別하며 旣隨事立名이라면 正
一體之時에 何者是大圓鏡智오"
"答이라 湛然空寂하여 圓明不動이 即大圓鏡智요 能對諸
塵하여 不起愛憎이 即是二性空이니 二性空이 即平等性
智요 能入諸根境界하여 善能分別하되 不起亂想而得自
在가 即是妙觀察智요 能令諸根으로 隨事應用하여 悉入
正受하여 無二相者即是成所作智이니라"

"본체가 이미 같다면 어째서 이름이 다르며 이미 현상
(事)을 따라 이름을 세웠다면 바로 하나의 본체일 때에
어떤 것이 대원경지입니까?"
"담연하게 비고 고요하여 원만히 밝아 움직이지 않는 것
이 곧 대원경지요, 능히 모든 대상(六塵)에 대하여 애증
愛憎을 일으키지 않는 것이 곧 2가지 성품이 공함이니 2
가지 성품이 공함이 곧 평등성지요, 능히 모든 육근의 경

계에 들어가 잘 분별하되 어지러운 생각을 일으키지 아니하고 자재함을 얻음이 곧 묘관찰지요, 능히 모든 6근으로 하여금 현상(事)을 따라 응용하여 모두 정수(正受, 곧 三昧)에 들어가서 2가지 상相이 없는 것이 곧 성소작지니라."

"問이라 束四智成三身者는 幾箇智共成一身하며 幾箇智獨成一身인가"

"答이라 大圓鏡智는 獨成法身이요 平等性智는 獨成報身이요 妙觀察智與成所作智는 共成化身하니 此三身은 亦假立名字分別하여 只令未解者看이라 若了此理하면 亦無三身應用하니 何以故오 爲體性이 無相하여 從無住本而立하여 亦無無住本하느니라"

"4지를 묶어서 3신을 이룬다 하는 것은 몇 개의 지혜가 함께 일신一身을 이루며, 몇 개의 지혜가 홀로 일신一身을 이룸입니까?"

"대원경지는 홀로 법신을 이루고 평등성지는 홀로 보신을 이루며, 묘관찰지와 성소작지는 함께 화신을 이루니, 이 삼신三身도 또한 거짓으로 이름을 세워 분별하여 다만 알지 못하는 사람들이 보게 한 것이니라. 만약 이 이치를

알면 또한 삼신의 응용이 없느니라. 왜냐하면 체성體性은
상相이 없어 머무름이 없는 근본으로부터 서니, 또한 머
무름이 없는 근본도 없느니라."

마조 선사馬祖禪師[120]의 『마조록馬祖錄』에도 법신에 관하여
언급한 부분이 있는데, 아래와 같다.

"在纏名如來藏하고 出纏名淨法身하느니라 法身無窮하여
體無增減하고 能大能小하며 能方能圓하니 應物現形하여
如水中月하니 滔滔運用하여 不立根栽하느니라"

"번뇌에 얽혀 있으면 여래장이라 하고, 얽힘에서 벗어나
있으면 청정한 법신이라 한다. 법신은 무궁하여 그 자체
(體)가 늘고 줄음이 없고 커졌다 작아졌다 하며 모나기도
둥글기도 하니 대상에 따라 형태를 나타내어 물에 비친
달처럼[121] 잔잔하게 흔들거리며 뿌리를 내리지 않는다."

---

120 마조 선사馬祖禪師: 마조도일(馬祖導一, 709~788)은 당나라 스님
    이다. 육조혜능, 남악회양에 이어 중국 선종 제8대 조사다. 수많은
    제자들이 깨달았다. 대표적인 제자로는 제9대 조사인 백장회해
    (百丈懷海, 749~814)가 있다.

121 법신을 환신幻身이라고도 하는데, 본서 p.139~140에서 환신의

백장百丈 스님의 『백장록百丈錄』에도 3신三身사상이 나오
는데, 아래와 같다.

"三身一體이며 一體三身이다. 一者法身實相佛이니 法身
佛不明不暗하니 明暗屬幻化하니라 實相有對虛得名하니
本無一切名目하느니라 如云佛身無爲不墮諸數하느니라
成佛獻蓋等은 是升合擔語라 要從濁辯淸得名하니 故云
實相法身佛하느니라 是名淸淨法身毘盧遮那佛이요 亦名
虛空法身佛이요 亦名大圓鏡智요 亦名第八識이요 亦名
性宗이요 亦名空宗이요 亦名佛居不淨不穢土요 亦名在
窟獅子요 亦名金剛後得智요 亦名無垢檀이요 亦名第一
義空이요 亦名玄旨라한다 三祖云不識玄旨徒勞念靜이라
하였다"

"삼신三身이 하나의 체體이며, 하나의 체體가 삼신이다.
첫째는 법신실상불이니, 법신불은 밝지도 않고 어둡지도
않으니 밝음과 어두움은 허깨비 같은 변화에 속한다. 실
상은 헛것을 상대하여 이름 지어진 것이니 본래 이름이

12가지 특징을 언급했다. 12가지 특징 중의 하나가 "물에 비친 달
과 같다" 하였다. 따라서 티베트 논서와 마조 스님의 견해가 완전
히 일치한다.

없다. 마치 '불신佛身은 무위無爲여서 어떠한 범주에도 떨어지지 않는다.'라고 한 것과 같다. 성불하여 일신을 공양하는 등은 한 됫박 한 홉 들이쯤 되는 말이다. 요컨대 탁함으로부터 맑음을 가려내 얻은 이름이기 때문에 '실상법신불'이라 한다. 또한 청정법신비로자나불이라 이름하며, 허공법신불, 대원경지, 제8식第八識, 성종性宗, 공종空宗, 깨끗하지도 더럽지도 않은 불국토, 굴 속에 있는 사자, 금강후득지金剛後得智, 무구단無垢檀, 제일의공弟一義空, 현묘한 뜻(玄旨)이라 이름하기도 한다.

삼조三祖[122]께서 말씀하시기를, '현묘한 뜻은 알지 못하고 쓸데없이 생각만 고요히 한다.'고 하였다."

"二報身佛은 菩提樹下佛이다. 亦名幻化佛하며 亦名相好佛이요 亦名應身佛이요 是名圓滿報身盧舍那佛이요 亦名平等性智요 亦名第七識이요 亦名酬因答果佛라 한다 同五十二禪那數하고 同阿羅漢辟支佛하여 同一切菩薩等하느니라 同受生滅等苦하나 不同衆生繫業等苦하느니라"

---

122 삼조三祖: 중국 선종禪宗의 초조初祖인 달마達磨 스님의 법을 이조二祖인 혜가慧可 선사께서 이어 받으셨다. 그리고 혜가 선사의 법을 이어 받은 승찬僧璨 스님이 삼조三祖가 된다.

"두 번째는 보신불報身佛로 보리수 아래의 부처님이다. 또는 환화불幻化佛이라고도 이름하며, 상호불相好佛, 응신불應身佛, 원만보신노사나불, 평등성지, 제7식第七識, 인과에 응하는 부처님(酬因答果佛)이라 이름하기도 한다. 52선나수五十二禪那數와 같고, 아라한, 벽지불과 같고, 모든 보살 등과 같다. 또한 생멸 등의 괴로움을 받는 것도 같으나 중생이 업에 매어 고통을 받는 것과는 다르다."

"三化身佛로 祇如今於一切有無諸法에 都無貪染하며 亦無無染하느니라 離四句外하여 所有言說辯才하니 名化身佛이라 한다 是名千百億化身釋迦牟尼佛이며 亦名大神變이요 亦名遊戱神通이요 亦名妙觀察智요 亦名第六識이라 한다"

"세 번째는 화신불化身佛로서 일체 유무有無의 법에 도무지 욕심과 물듦이 없으며, 물듦이 없다는 것마저 없다. 4구四句 밖을 벗어나 모든 언설의 말재주를 가지니 화신불이라 이름한다. 이 분이 천백억화신 석가모니불이며, 대신변大神變이며, 유희신통遊戱神通, 묘관찰지, 제6식第六識이라고도 한다."

임제 선사臨濟禪師[123]의 『임제록臨濟錄』에 보면, 법신의 모습을 설명하는 흥미로운 구절이 있다.

❁

"上堂云하시되 赤肉團上에 有一無位眞人하여 常從汝等諸人面門出入하나니 未證據者는 看看하라 時에 有僧出問하니 如何是無位眞人인가 師下禪牀하여 把住云하되 道道하라 其僧이 擬議하자 師托開云하되 無位眞人은 是什麽乾屎厥인가 便歸方丈하다"

"상당하여 말씀하시되, '붉은 살덩이 위에 지위 없는 참사람이 있어 항상 그대들 얼굴로 출입하니 아직 보지 못한 사람은 보아라.'
이때에 어떤 스님이 나와 물었다. '무엇이 지위 없는 참사람입니까?'
선사禪師는 선상禪牀에서 내려와 그를 붙잡고는 말했다.
'말해라! 말해!'
그 스님이 머뭇거리자, 선사는 그를 탁 밀치고 말씀하시

---

123 임제 선사: 임제의현(臨濟義玄, ?~867) 선사는 조주曹州의 남화南華 태생으로 속성은 형邢씨다. 어릴 때부터 총명했던 그는 출가해 강남 황벽산에 주석했던 황벽희운(黃檗希運, ?~850) 선사의 지도에 의해 대오大悟했다.

기를, '지위 없는 참사람은 무슨 마른 똥막대기냐!' 하고
는 곧 방장실로 돌아갔다."

위에서 임제 선사는 '붉은 살덩이 위에 지위 없는 참사람'
이라는 표현을 사용하였는데, 이것이 의생신意生身 또는 법
신法身을 말한다는 것을 잘 사유해보면 알 수 있을 것이다.
본서 p.138에서 이야기했듯이 법신, 즉 환신幻身은 일반인
의 눈으로는 볼 수 없고, 환신을 성취한 수행자만이 이 환신
의 도리를 알아 볼 수 있기 때문에 임제선사께서는 이것을
아는 스님이 없자 방장실로 들어가신 것이다.
『능엄경楞嚴經』에도 임제 선사께서 말씀하신 것과 유사한
내용이 있다.

"于時世尊頂放百寶無畏光明하시니 光中出生千葉寶蓮
이라 有佛化身이 結跏趺坐하시어 宣說神呪하시었다"

"그때 세존께서는 정수리에서 백보무외광명百寶無畏光明
을 놓으시니, 광명 가운데 천엽의 보배 연꽃이 생겨나고,
부처님의 화신化身이 결가부좌하고 앉으시어 신비한 주
문神呪을 설하시었다."¹²⁴

우리는 많은 불화나 불상에서 이러한 삼신三身을 나타낸
모습들을 찾아볼 수 있는데, 예전에 이런 삼신을 성취한 불
보살들께서 그분들이 체험한 경지를 그림이나 불상으로 남
겨서 후세에 수행을 성취할 사람들을 위해 전승하도록 하신
것이다. 의생신意生身을 증득한 뒤의 수행 과정을 몽산 스님
께서는「고담화상법어古潭和尚法語」에서,

　"到伊麽時하야는 早訪高玄하야 機味完轉하야 無正無偏
　하고 明師가 許爾어든 再入林巒하야 茅菴土洞에 苦樂을
　隨緣호대 無爲蕩蕩하야 性若白蓮케하라
　時至出山하야 駕無底船하야 隋流得妙하야 廣度人天하야
　俱登覺岸하야 同證金仙하리라"

　"이러한 때에 이르러서는 일찌감치 덕 높은 선지식을 찾
　아서, 기미機味[125]를 완전하게 돌려서 바름(正)도 치우침
　(偏)도 없게 하고, 밝은 스승이 허락하거든 다시 숲속으

124　『수능엄경首楞嚴經』제1권 序分, 반라밀제般刺密諦 번역.

125　기미機味: ① 기질氣質. 소승, 연각, 보살의 세 종류가 있음. 수행자
　　의 정신적 종교적 소질. ② 사물의 가장 요긴한 근본. ③ 일의 주
　　요한 고동(예를 들면, 커다란 기계를 작동시키는 부분을 맡은 중요한
　　장치).

로 들어가서 띠집(茅庵)과 동굴에서 고락苦樂을 인연에 따르되 걸림 없이 활달하여(無爲蕩蕩) 성품이 흰 연꽃 같게 할지니, 시절이 되면 산에서 나와 밑 없는 배(無底船)[126]를 타고 흐름을 따라 묘妙를 얻어[127], 널리 인천(人天, 인간계와 천상계)을 제도하여 같이 깨달음의 언덕(覺岸)에 올라, 함께 부처(金仙)를 증득할지니라."

라고 간결하게 말씀하셨지만, 실제로 삼신三身을 성취하는 수행 과정은 육체적으로나 정신적으로 매우 힘든 과정이다. 목숨을 버릴 각오가 없이는 중도에 쉽게 그만두게 되니, 엄청난 고난을 이겨내는 인내가 반드시 필요하다.

그리고 이 수행 과정은 단순히 몇 년의 노력으로 끝나는 것이 아니라, 죽기 직전까지 매일 하루도 쉬지 않고 최소한 몇 십 년간 부지런히 해야 하는 과정이다.

그런 힘든 과정임에도 불구하고 꼭 삼신三身을 성취하여 부처가 되는 길을 가고자 하는 대장부들을 위해 부족하나마 도움이 되었으면 하는 바람으로 이메일 연락처(vajrayani@

---

126 밑 없는 배(無底船): 몰저선沒底船이라고도 함. 어떤 것에도 걸리지 않는 철저한 경지.

127 흐름을 따라 묘를 얻어(隨流得妙): 모든 경계와 인연에 따르되 집착함이 없이 자유자재함.

naver.com)를 남긴다. 단순한 호기심이나 체험이 없는 언설 言說로써 필자에게 법거량法擧量할 목적으로 연락하거나 하는 것은 절대 사절이다. 부귀와 명예 등 이양利養을 버리고 진정으로 고된 수행을 할 간절함이 있는 분들만 참고하기 바란다.

끝으로 『몽산법어』 가운데 한 대목으로 이 글을 마무리하고자 한다.

"更莫說宗門中에 有超佛越祖底作略하라 聰上人은 信麼 아 信與不信은 向後自知하리라"

"다시 종문宗門 가운데에 부처와 조사를 뛰어넘는 책략이 있다고 말하지 말라. 총상인은 내 말을 믿느냐? 믿고 믿지 않는 것은 뒷날 스스로 알게 되리라."

참고문헌과 인용도서

『고경』퇴옹 성철 편역, 장경각, 불기 2537. 12. 22. 초판 발행

蘄州忍和尙導凡超聖悟解脫宗修心要論1권 鈴木大拙禪思想史研究 第
二, 東京, 岩波書店

『깨달음의 길』달라이 라마 지음, 진우기, 신진욱 옮김, 부디스트웹닷
컴, 2001. 6. 15. 초판 발행

대정신수대장경大正新修大藏經 CBETA 電子佛典, 2006

『돈오입도요문론 강설』백련선서간행회, 장경각, 1986. 6. 25. 초판 발행

『명추회요冥樞會要』회당조심 엮음, 벽해원택 감역, 장경각, 2015. 7. 15.
초판 1쇄 발행

『몽산법어蒙山法語』선학간행회 역, 용화선원, 1985. 8. 20. 초판 발행

『밀교의 성불원리』중암 역저, 정우서적, 2009. 11. 24. 초판 발행

『梵韓大辭典』전수태 著, 대한교육문화신문출판부

「불교 우주론과 수증론 체계에서 본 의생신(意生身, S. manomaya-kaya)
의 의미」이수미, 동국대학교 불교학술원, 『불교학리뷰(Critical
Review for Buddhist Studies)』18권(2015. 12)

『불교대사전』김길상 편저, 홍법원, 1998. 9. 1. 초판 발행

『아비달마 구사론 2』권오민 역주, 동국역경원, 2002. 10. 1. 발행

『역주 수능엄경譯註 首楞嚴經』일귀 역주, 여천 무비 감수, 샘이 깊은 물,
2003. 11. 1. 개정 1쇄 발행

『위숟디 막가(청정도론)』 범라 옮김, 위빠싸나 출판사, 2003년 발행

「윤회는 사실인가, 믿음인가?」 김성철, 『불교평론(The Buddhist Review)』 20호, 2004년 10월 10일

『청정도론 2』 대림 스님 옮김, 초기불전연구원, 2004. 4. 16. 초판 발행

『초기 선종 동산법문과 염불선』 원조 박건주 지음, 비움과 소통, 2012. 8. 8. 1판 1쇄 발행

『초전 법륜경』 마하시 아가 마하 빤디따 지음, 김한상 옮김, (주)행복한 숲, 2011. 7. 20. 1판 1쇄 발행

『티베트 불교 수행의 설계도』 사이토 타모츠고 지음, 석혜능 옮김, 하늘북, 2011. 8. 21. 초판 발행

『티베트 사자의 서』 장홍스 풀어씀, 장순용 옮김, 김영사, 2008. 11. 12. 초판 발행

『티베트 사자의 서』 중암 역주, 정우서적, 2010. 10. 1. 초판 발행

「티베트 승원의 교육과정과 그 이론적 토대」 성원 스님, 『수행법 연구』, 조계종출판사, 2005. 6. 30. 초판 발행

『티벳 밀교 - 역사와 수행』 출팀 깰상, 마사키 아키라 공저, 차상엽 옮김, 씨아이알 2013. 5. 16. 초판 발행

한글대장경 『잡아함경 2』 동국역경원, 1985. 5. 1. 신판 1쇄 발행

한글대장경 『중아함경 3』 동국역경원, 1985. 5. 1. 신판 1쇄 발행

송학松鶴

소백산 성혈사에서 봉철峰徹 스님을 은사로 수계 후 제방선원에서
수행하였다. 이후 간화선 수행에 한계를 느끼고 올바른 수행법을
찾아 중국, 인도, 티베트와 남방불교국가를 순례하였다. 현재는 대
야산 자락에 묻혀 은거 수행하면서 수행방법과 수행이론의 정립
을 위해 정진하고 있다.

간화선의 실제와 성불의 길

초판 1쇄 인쇄 2017년 7월 10일 | 초판 1쇄 발행 2017년 7월 17일
지은이 송학 | 펴낸이 김시열
펴낸곳 도서출판 운주사

　　　(02832) 서울시 성북구 동소문로 67-1 성심빌딩 3층

　　　전화 (02) 926-8361 | 팩스 0505-115-8361

ISBN 978-89-5746-491-5　93220　값 15,000원

http://cafe.daum.net/unjubooks 〈다음카페: 도서출판 운주사〉